Zauberworte – Türen nach innen

ZauberWorte

Türen nach innen

Meditative Texte der Weltliteratur

ausgewählt von

Stephanie Faber

Wilhelm Heyne Verlag
München

2. Auflage

Umschlaggestaltung: Norbert Härtl, München
Satz: Gloor Satz Repro GmbH, München
Druck und Bindung: RMO Druck, München
Printed in Germany
ISBN 3-453-05192-0

Inhalt

Vorwort

Schläft ein Lied in allen Dingen,
die da träumen fort und fort,
und die Welt hebt an zu singen,
triffst du nur das Zauberwort.

Joseph von Eichendorff

Joseph von Eichendorffs Gedanken über Zauberworte, die das Singen der Welt aus dem Traum zu wecken vermögen, gaben die Anregung für die vorliegende Textsammlung. Das Lied in den Dingen zu fühlen, den Traum zu wecken, ihn zu verstehen und zum Leben zu verhelfen, drückt eine Sehnsucht nach Transparenz aus, die uns Menschen von der Geburt bis zum Tod begleitet. So beschreiben die neun Teile dieser Textsammlung den inneren Traum als Entwicklung der Existenz und die Wandlungen des Bewußtseins durch die Realität mystischer Erfahrung.
Im wesentlichen schildern die Textzitate Stufen des Wachstums. Wachstumsfördernde oder -hindernde Gesetze und Ordnungen in der Natur, beispielsweise Licht und Wärme, gelten nicht nur für die Natur um uns, sie sind auch Grundbedingungen für die Entstehung neuen Lebens in uns. Kälte und Lichtmangel führen uns in Isolation und entfernen uns vom Zentrum des Seins. Die Erfahrung innerer Naturgesetze der Existenz in unterschiedlichen Bereichen des Lebens wird von den hier zitierten Autorinnen und Autoren als die wahre Erziehung zum Sein beschrieben.

Die Lieder, Gedichte, Gebete und Textzitate von Autoren aus sehr unterschiedlichen Kulturen beschreiben immer wieder ähnliche Prozesse innerer Evolution: die Schwierigkeit zu sein und die Aufgabe der individuellen Menschwerdung. Die Gedanken und Empfindungen veranschaulichen die Problematik, die Dualität der menschlichen Natur in sich selbst als das zu Überwindende zu erfahren und in einem schöpferischen Werdegang zu wandeln. Nicht nur Worten liegt Zauberkraft inne, sondern auch den Zahlen. Jedem der neun Textteile wurde eine Symbolzahl an die Seite gestellt und ihre traditionelle Bedeutung erläutert. Die Quellen aus dem jüdischen Weisheitsbuch Sohar, aus kabbalistischem, pythagoreischem, urchristlichem oder taoistischem Wissen führen zu einem tieferen Verständnis der Bindung zwischen Wort und Zahl, zwischen Erscheinung, Aufgabe und Daseinsbedingung.

STEPHANIE FABER

I.

Vom Wollen

Die These

Die Zahl Eins symbolisiert das erste Bewußtsein des Menschen. Sie gleicht dem Erwachen aus dem Traum der Null, die das ungeteilte Sein von Mensch und Universum in der Form des Kreises als Paradieszustand darstellt.

Als Adam das Paradies verließ, aus der Null heraustrat, fand er sich nackt und isoliert. Nach der Null ist die Eins das Hervortretende, sich aus dem Ursprung der Null Lösende. Die Eins ist die erste statische Form. Die Abtrennung der Eins aus der Null verlangt nach der Definition des Willens im Dasein. Geborgen in der Ganzheit der Null konnte es keine Trennung geben, jedoch in der Eins erklärt der Mensch die These seines Daseins im: Ich will.

Die Schattenseite der Eins, die es zu durchschauen gilt, ist die Isoliertheit des egozentrischen Wollens. Adams Sündenfall wiederholt sich in jedem Leben.

Weisheiten der Möwe Jonathan

Die meisten von uns sind nur ganz allmählich weitergekommen, von einer Welt in die nächste, die dann anders war. Wir vergaßen sofort, woher wir gekommen waren, und es kümmerte uns nicht, wohin wir gingen. Wir lebten nur für den Augenblick. Es ist kaum vorstellbar, durch wie viele Leben wir hindurch mußten, bis wir verstanden, daß Leben mehr ist als Fressen und Kämpfen und eine Vormachtstellung im Schwarm einnehmen. Tausend Leben, zehntausend und danach vielleicht noch hundert Leben, ehe uns die Erkenntnis aufdämmerte, daß es so etwas gibt wie Vollkommenheit, und dann nochmals hundert Leben, um endlich als Sinn des Lebens die Suche nach Vollkommenheit zu sehen und zu verkündigen. Diese Regel gilt auch jetzt. Wir erlangen die nächste Welt nach dem, was wir in dieser gelernt haben. Lernen wir nichts hinzu, so wird unsere nächste Welt nicht anders sein als diese, sie bietet die gleichen Beschränkungen, und es gilt, die gleiche bleischwere Last zu überwinden.

RICHARD BACH

Stufen

Wie jede Blüte welkt und jede Jugend
Dem Alter weicht, blüht jede Lebensstufe,
Blüht jede Weisheit auch und jede Tugend
Zu ihrer Zeit und darf nicht ewig dauern.
Es muß das Herz bei jedem Lebensrufe
Bereit zum Abschied sein und Neubeginne,
Um sich in Tapferkeit und ohne Trauern
In andre, neue Bindungen zu geben.
Und jedem Anfang wohnt ein Zauber inne,
Der uns beschützt und der uns hilft, zu leben.

Wir sollten heiter Raum um Raum durchschreiten,
An keinem wie an einer Heimat hängen,
Der Weltgeist will nicht fesseln uns und engen,
Er will uns Stuf' um Stufe heben, weiten.
Kaum sind wir heimisch einem Lebenskreise
Und traulich eingewohnt, so droht Erschlaffen,
Nur wer bereit zu Aufbruch ist und Reise,
Mag lähmender Gewöhnung sich entraffen.

Es wird vielleicht auch noch die Todesstunde
Uns neuen Räumen jung entgegen senden,
Des Lebens Ruf an uns wird niemals enden...
Wohlan denn, Herz, nimm Abschied und gesunde!

HERMANN HESSE

Wer weiß, daß genug genug ist…

Es gibt keinen größeren Köder als Verlangen,
Keinen größeren Fluch als Unzufriedenheit,
Kein größeres Mißgeschick als Habgier.
Wer weiß, daß genug genug ist, wird immer genug haben.

Der Weise sammelt keine kostbaren Dinge an.
Er lernt, an Ideen nicht festzuhalten.
Er bringt den Menschen zurück, was sie verloren.
Hilft den zehntausend Dingen ihre eigene Natur zu finden
Und läßt die Finger davon.

LAOTSE

Über die Kultur

Durch ethische Welt- und Lebensbejahung kommen wir in ein Überlegen hinein, das uns zwischen dem Wesentlichen und dem Unwesentlichen der Kultur unterscheiden läßt. Der geistlose Kulturdünkel verliert seine Macht über uns. Wir wagen der Wahrheit ins Auge zu schauen, daß mit den Fortschritten des Wissens und Könnens die wahre Kultur nicht leichter, sondern schwerer geworden ist. Das Problem der Wechselbeziehungen zwischen dem Geistigen und dem Materiellen geht uns auf. Wir wissen, daß wir alle mit den Verhältnissen um unser Menschtum zu ringen haben und Sorge tragen müssen, den fast aussichtslosen Kampf, den viele in ungünstigen sozialen Verhältnissen um ihr Menschtum führen, wie zu einem aussichtsvollen zu gestalten. Aus dem Denken kommender, vertiefter ethischer Fortschrittswille wird uns also aus der Unkultur und ihrem Elend zur wahren Kultur zurückführen. Früher oder später muß die wahre, endgültige Renaissance anbrechen, die der Welt den Frieden bringt.

ALBERT SCHWEITZER

Die Spannung zwischen geistiger Erfahrung und Lebenswirklichkeit

Die Welt will so gern ihre Maßstäbe der geistigen Erfahrung aufzwingen. Das bedeutet: Der Mensch möchte gern eine Technik lernen, mit der er hier im Leben geistige Erfahrung zustande bringen kann. Aber was ist Technik? Ist Technik nicht gerade geist-los? Wenn wir zum Beispiel von Technokratie sprechen, dann meinen wir im allgemeinen eine Vorherrschaft von Leuten, die alles sehr genau berechnen können, aber keinen Geist benötigen, im Gegenteil, der würde da vielleicht sogar stören.
Geistige Erfahrung und Lebenswirklichkeit liegen miteinander im Kampf wie Licht und Finsternis, Gut und Böse. Das Böse möchte dem Menschen gern geistlose Technik auferlegen. Es suggeriert, daß du nur dies und jenes tun müßtest, um dann Erfolg zu haben. Wohin aber führt dich der Erfolg? Eigentlich zu etwas Animalischem, wo dein Geistes-, dein Seelenleben einfach ausgeschaltet ist. Je weniger Geist, desto leichter geht's dort. Sieht man das nicht auch bei der heutigen Ausbildung an Schulen und Universitäten? Gefragt ist da vor allem gutes Gedächtnis und gute Technik, damit kommt man am besten durch und hat sein Auskommen in der Gesellschaft.
Es gibt aber so gut wie keine Kultur oder Religion, in der der Geist nicht Ausgangspunkt ist. Und der Geist möchte sich gern ausbreiten. Er möchte sich über das Körperliche, über die konkrete Wirklichkeit des Lebens ausdehnen.

FRIEDRICH WEINREB

Sonett

O das Neue, Freunde, ist nicht dies,
daß Maschinen uns die Hand verdrängen.
Laßt euch nicht beirrn von Übergängen,
bald wird schweigen, wer das »Neue« pries.

Denn das Ganze ist unendlich neuer
als ein Kabel und ein hohes Haus.
Seht, die Sterne sind ein altes Feuer,
und die neuern Feuer löschen aus.

Glaubt nicht, daß die längsten Transmissionen
schon des Künftigen Räder drehn.
Denn Äonen reden mit Äonen.

Mehr, als wir erfuhren, ist geschehn.
Und die Zukunft faßt das Allerfernste
rein in eins mit unserem innern Ernste.

RAINER MARIA RILKE

Vom Intellekt

Wahrheit ist unser Lebenselement, doch wenn der Mensch seine Aufmerksamkeit auf eine einzige Erscheinungsform der Wahrheit heftet und sich dieser allein für lange Zeit widmet, wird die Wahrheit entstellt und ist nicht sie selbst, sondern Falschheit; hierin ähnelt sie der Luft, die unser natürliches Element und der Atem unserer Nasen ist, die aber Erkältung, Fieber und sogar den Tod bringt, wenn unser Körper für längere Zeit der Zugluft ausgesetzt ist. Wie langweilig ist der Grammatiker, der Phrenologe, der politische oder der religiöse Fanatiker, wie aber auch jeder besessene Sterbliche, dessen Gleichgewicht durch die Übertreibung in einer bestimmten Richtung verlorengegangen ist. Dies ist der Anfang des Wahnsinns. Jeder Gedanke ist auch ein Gefängnis. Ich sehe nicht, was du siehst, weil ein kraftvoller Wind mich gefangenhält und so weit in eine Richtung getrieben hat, daß ich nicht mehr im Bereich deines Horizontes bin.

RALPH WALDO EMERSON

Wenn nicht mehr Zahlen und Figuren

Wenn nicht mehr Zahlen und Figuren
Sind Schlüssel aller Kreaturen,
Wenn die, so singen oder küssen,
Mehr als die Tiefgelehrten wissen,
Wenn sich die Welt ins freie Leben
Und in die Welt wird zurückbegeben,
Wenn dann sich wieder Licht und Schatten
Zu echter Klarheit werden gatten,
Und man in Märchen und Gedichten
Erkennt die wahren Weltgeschichten,
Dann fliegt vor Einem geheimen Wort
Das ganze verkehrte Wesen fort.

NOVALIS

Über materielle Abhängigkeiten

Vers 62

Beim Betrachten der Sinnesobjekte entwickelt
der Mensch Anhaftung an sie.
Aus solcher Anhaftung entwickelt sich Lust,
und aus Lust geht Zorn hervor.

Vers 63

Aus Zorn entsteht Täuschung, und der Täuschung
folgt die Verwirrung der Erinnerung.
Wenn die Erinnerung verwirrt ist,
geht die Intelligenz verloren,
und wenn die Intelligenz verloren ist,
fällt man wieder in den materiellen Sumpf zurück.

AUS DER BHAGAVAD-GITA

Lied

Ich zog durch Wüsten, stieg
nieder in Wälder
sah Ninive liegen, sah Ur
die Steppe von Tartar
Und den Henker, zum Kuckuck
beschmiert mit eurem Blut.

Ich achtete nicht seiner
Ich wußte, ich würde entkommen
und ich entkam.

Werde Denker, zum Kuckuck
Bewahre den Mut
Kenne dich selber.

Ich zog durch Wüsten wieder, stieg
nieder in Wälder wieder
sah Ninive aufs neue, doch darnieder
Ur verbrannt, die Steppe von Tartar
voll Rauch
Und der Kuckuck beschmiert mit
meinem Blut
Denn der Henker kannte mich auch.

Ich achtete nicht seiner
Ich wußte, ich würde entkommen
und ich entkam
nicht zum zweiten Mal.

FRIEDRICH DÜRRENMATT

Westliches Haben …

Es ist nicht von ungefähr, daß die moderne wissenschaftlich-technische Zivilisation in der westlichen Kultur entstanden und verwurzelt ist. Der Zusammenhang ist wesentlich. Die Grundlagen und Urhaltungen der abendländischen Tradition brauchen keine allgemeinmenschlichen zu sein, und infolgedessen bieten nicht nur die Naturwissenschaft und die Technologie, sondern auch die Rationalität, höchste Erfindung des westlichen Geistes, in all ihren Formen keine notwendig universale Basis für die Verwirklichung des Menschseins.

Das Grundschema der abendländischen Existenz besteht in der Annahme der endgültigen Polarität zwischen Sein und Denken. Die Versuche, diese Polarität zu bewältigen, stellen die ganze Geschichte der abendländischen Philosophie dar. Wir finden hier sämtliche Meinungen vertreten: von der Identifikation beider Pole zugunsten des einen oder des anderen, bis zur absoluten Trennung und den mittleren Lösungen.

RAIMUNDO PANIKKAR

...östliches Sein

Die indische Grundhaltung zielt auf das Sein hin und beruht auf der Annahme, daß dieses Heil mit der vollkommenen Realisierung des Erkennenden zusammenhängt.

Der Hauptsinn des indischen Lebens besteht nicht primär darin zu erfahren, was die Dinge sind oder was Erkenntnis heißt, sondern Erkennender zu werden. Der Erkennende aber kann nicht erkannt werden. Würde er erkannt, würde er aufhören, Erkennender zu sein, und würde *ipso facto* in das Erkannte verwandelt. Es handelt sich nicht darum zu fragen, was der Erkennende *ist*, sondern was es heißt: Ich *bin* der Erkennende. Das läßt sich aber nur wissen, wenn ich auch der bin, der heißt: »ICH BIN.« Das schließt jede Objektivierung, aber auch jede Subjektivierung aus.

RAIMUNDO PANIKKAR

Über die Furcht, ein Nichts zu sein

Das Begehren nach Erfolg ist ein Streben nach Herrschaft. Herrschen heißt besitzen. Besitz aber führt das Ich in die Absonderung. Diese Selbstabsonderung wünschen sich die meisten Menschen; Name, Beziehungen, Arbeit, Ideen müssen ihnen dazu verhelfen. Absonderung bedeutet Macht, aber Macht schafft Feindschaft und Leid. Die tiefste Ursache der Absonderung des Besitzenden ist nämlich seine Angst; denn Angst macht aller Gemeinschaft mit anderen ein Ende.

JIDDU KRISHNAMURTI

Wer-einer-ist

Das unverwechselbar Einmalige des Wer-einer-ist, das sich so handgreiflich im Sprechen und Handeln manifestiert, entzieht sich jedem Versuch, es eindeutig in Worte zu fassen. Sobald wir versuchen zu sagen, *wer* jemand ist, beginnen wir Eigenschaften zu beschreiben, die dieser Jemand mit anderen teilt und die ihm gerade nicht in seiner Einmaligkeit zugehören. Es stellt sich heraus, daß die Sprache, wenn wir sie als ein Mittel der Beschreibung des Wer benutzen wollen, sich versagt und an dem Was hängenbleibt, so daß wir schließlich höchstens Charaktertypen hingestellt haben, die alles andere sind als Personen, hinter denen vielmehr das eigentliche Personale sich mit einer solchen Entschiedenheit verbirgt, daß man versucht ist, die Charaktere für Masken zu halten, die wir annehmen, um das Risiko des Aufschlusses im Miteinander zu verringern – gleichsam als schalteten wir eine Schutzschicht ein, um die bestürzende Eindeutigkeit des Dieser-und-niemand-anders-Seins abzudämpfen.

HANNAH ARENDT

Klugheit

Die Welt ist voll von Sprichwörtern, Geschichten und dem Flimmern einer niedrigen Klugheit, die eine Hingabe an die Materie ist, als besäßen wir keine anderen Fähigkeiten als die des Gaumens, der Nase, des Tastsinnes, des Auges und des Ohres; eine Klugheit, die die Dreisatzrechnung anbetet, die niemals etwas einräumt, die niemals schenkt, selten leiht und bei jedem Projekt nur immer die eine Frage stellt: Wird sich Brot daraus backen lassen? Dies ist eine Krankheit wie eine Hautverdickung – bis die Lebensorgane zerstört sind. Aber die Kultur, die den erhabenen Ursprung der Erscheinungswelt offenbart und auf die Vervollkommnung des Menschen als Ziel zustrebt, setzt alles andere, wie auch Gesundheit und körperliches Leben, zum Mittel herab. Sie betrachtet die Klugheit nicht als eine besondere Fähigkeit, sondern als Name für Weisheit und Tugend im Umgang mit dem Leibe und seinen Bedürfnissen. Kultivierte Menschen fühlen und sprechen immer so, als hätten großes Vermögen, die Erlangung eines bürgerlichen oder sozialen Maßstabs, großer persönlicher Einfluß, anmutiges, imponierendes Auftreten ihren Wert als Beweise der Energie des Geistes. Wenn ein Mensch sein Gleichgewicht verliert und sich selbst in irgendeinen Handel oder irgendein Vergnügen um ihrer selbst willen stürzt, so mag er ein gutes Rädchen (...) sein, aber ein kultivierter Mensch ist er nicht. Die unechte Klugheit, die die Sinne als endgültig ansieht, ist der Gott der Dummköpfe (...) und der Gegenstand aller Komödie. Sie ist der Scherz der Natur und darum Scherz der Literatur.

RALPH WALDO EMERSON

Nowhere Man

He's a real Nowhere Man,
sitting in his Nowhere Land,
making all his Nowhere plans for nobody.
Doesn't have a point of view,
knows not where he's going to,
isn't he a bit like you and me?
Nowhere Man please listen,
you don't know what you're missing,
Nowhere Man, the world is at your command.
He's as blind as he can be,
just sees what he wants to see,
Nowhere Man can you see me at all?
Nowhere Man don't worry,
take your time, don't hurry,
leave it all till somebody else lends you a hand.
Doesn't have a point of view,
knows not where he's going to,
isn't he a bit like you and me?
Nowhere Man please listen,
you don't know what you're missing,
Nowhere Man, the world is at your command.
He's a real Nowhere Man,
sitting in his Nowhere Land,
making all his Nowhere plans for nobody.
Making all his Nowhere plans for nobody.
Making all his Nowhere plans for nobody.

THE BEATLES

Über die Illusionen

Die allgemeine Jagd nach Illusionen muß zum Zerfall der Gesellschaft führen. Der allgemeine Kampf und Streit, den sie ausgelöst hat, reißt die Menschen auseinander, fördert also den Zerfall. Werden die Menschen erst gewahr, wie sich ihr Bewußtsein selbst zum besten hält, dann gibt es für sie fortan nur noch das, was ist. Macht sich dieses Bewußtsein dann noch frei von allem Werdedrang und allen Idealen, läßt es davon ab, zu vergleichen und zu verurteilen, verzichtet es also auf seine Herrscherrolle in unserem Leben, dann vollzieht sich für uns im gleichen Augenblick ein tiefgreifender Wandel alles dessen, was ist. Solange das, was ist, das Seiende, die Wirklichkeit, noch einen Namen trägt, besteht noch eine Wechselbeziehung zwischen ihr und unserem Bewußtsein. Erst wenn der Name – das Erinnern, das das Wesen des Bewußtseins ausmacht – erlischt, besteht auch das Seiende nicht mehr. Dieser Wandel allein führt das Menschengeschlecht wieder zur Einheit zurück.

JIDDU KRISHNAMURTI

Paradoxe Erfahrungen

Es gibt Erfolge für den Menschen, die zum Mißerfolge werden, es gibt wohl auch Gewinne, die Verluste bringen.

Es gibt Geschenke, die dir keinen Nutzen bringen, es gibt sogar Geschenke, die man doppelt zahlen muß.

Es gibt Beschämung, um des Ruhmes willen, und manchen, der aus Niedrigkeit sein Haupt erhob.

Gar mancher kauft sich viele Dinge billig ein und muß sie dennoch siebenfach bezahlen.

JESUS SIRACH. 20,9–12
DAS ALTE TESTAMENT

Vom Sein des einzelnen

Die technische Zivilisation erschöpft den Menschen in den Funktionen, die er ausfüllt, und er erschöpft sich in ihnen. Sie unterwirft ihn den Zwängen einer Entwicklung, die ihn fortlaufend neu interpretiert und deutet und ihn eben hierin reduziert. Ganz ähnlich wie die großen Ideologien sperrt auch der Sachzwang die Menschen in ihre gesellschaftliche Identität ein. Schuld und Verdienst sind im *sozialen Sein zur Technik* gleichermaßen aufgehoben.

Vor den Imperativen der technischen Welt hört der einzelne auf, als Einzelperson zu existieren, oder vielmehr: Er ist zu pünktlichem und funktionsgenauem Gehorsam nur fähig, wenn er unterdrückt oder beiseite schiebt, was das Besondere seiner Person in einer besonderen Situation ausmacht.

BERND GUGGENBERGER

Der Gebundene verliert jeden Maßstab

Der Gebundene verliert jeden Maßstab,
Ihn fesselt der Irrtum;
Durch ungebundenes Gehenlassen
Wird alles natürlich.
Unwandelbar ist das Wesen,
Und dennoch ist es nichts Starres.
Wer sich anvertraut
Dieser Natur,
Der wird vereint mit der Wahrheit
Und ledig und frei von aller Sorge.
Das Bangen der Sorge entfernt ihn vor ihr.
Trübe Versunkenheit macht düster,
Und das Verdüstertsein bedrückt
Die Seele.
Was braucht man einem freundlich zu sein
Oder anderem unfreundlich?
Wer auf das All-Eine zugehen will,
Der darf den sechsfachen Staub nicht hassen.
Wo man ihn nicht haßt,
Da gerade ist nichts anderes
Als Buddhas vollkommene Weisheit.

ZEN-GEDICHT

Der Weise ist frei von Geschäftigkeit

Der Weise ist frei von Geschäftigkeit,
Der Tor ist gebunden durch sich selbst.
Die Wahrheit duldet neben sich keine Wahrheit.
Vergebens klammert man sich
Liebend an Wertloses.
Mit sich selbst quält die Seele sich dann –
Ist das nicht ein großer Irrtum?
Wo er herrscht, ist die Seele
Bis auf den Grund zerwühlt.
Erwacht man aus ihm,
Dann gibt es weder Böses noch Liebes.
Vergebens machst du dich
Zum Richter alles Gegensätzlichen.
Es ist ja nur Traum, nur eines
Augenflimmerns vergängliche Blume.
Warum sollte man sich abmühen,
Sie zu ergreifen?
Mit einem Ruck wirf beiseite
Die Teile und Gegenteile,
Jeden Vorteil und jeden Nachteil!

ZEN-GEDICHT

Kinder sind noch keine Narren

Vom Augenblick der Geburt an, wenn das Steinzeit-Baby sich der Mutter des 20. Jahrhunderts gegenübersieht, ist es jenen Kräften der Gewalt unterworfen, die man Liebe nennt – wie sein Vater und seine Mutter, wie ihre Eltern und deren Eltern vor ihnen. Diese Kräfte zielen vor allem auf die Zerstörung seiner meisten Anlagen. Im allgemeinen verläuft das Unternehmen erfolgreich. Mit fünfzehn ist daraus ein Wesen wie wir entstanden – eine halbtolle Kreatur, mehr oder weniger angepaßt an eine verrückte Welt. Das ist die Normalität in unserer Zeit.

Liebe und Gewalt sind polare Gegensätze. Liebe läßt den anderen sein – mit Zuneigung und Rücksicht. Gewalt versucht, des anderen Freiheit einzuschränken und ihn zu zwingen, nach unseren Wünschen zu agieren – ohne jede Rücksicht und in Gleichgültigkeit gegenüber der Bestimmung des anderen. Wir zerstören uns selbst durch Gewalt, die sich als Liebe maskiert.

RONALD D. LAING

Die Natur des Talents

Die Erwachsenen, besonders die Lehrer, bemühen sich, dem Kinde das Praktisch-Zweckmäßige aufzudrängen, und kritisieren dem Kinde seine Zeichnung gerade von diesem flachen Standpunkte aus: »Dein Mensch kann nicht gehen, weil er nur ein Bein hat«, »auf deinem Stuhl kann man nicht sitzen, da er schief ist« usw. Das Kind lacht sich selbst aus. Es sollte aber weinen...

Für jedes Glühen gibt es ein Abkühlen. Für jede frühe Knospe – der drohende Frost. Für jedes junge Talent – eine Akademie. Es sind keine tragischen Worte, sondern eine traurige Tatsache. Die Akademie ist das sicherste Mittel, der beschriebenen Kindeskraft den Garaus zu machen. Sogar das sehr große, starke Talent wird in dieser Beziehung von der Akademie gebremst. Die schwächeren Begabungen gehen zu Hunderten zugrunde. Ein akademisch gebildeter, mittelmäßig begabter Mensch zeichnet sich dadurch aus, daß er das Praktisch-Zweckmäßige erlernt hat und daß er das Hören des inneren Klanges verloren hat.

WASSILY KANDINSKY

Über die Erziehung

Darwins Theorie vom Daseinskampf und der damit zusammenhängenden Auslese wurde oft zitiert, um den Geist des Wettkampfs zu rechtfertigen. Ebenso haben andere pseudowissenschaftlich die Notwendigkeit des verderblichen wirtschaftlichen Wettkampfs zwischen den einzelnen nachzuweisen versucht. Aber das ist falsch, weil der Mensch seine Kraft im Kampf um das Dasein dem Umstand verdankt, daß er ein geselliges Wesen ist. Ebensowenig wie ein Kampf zwischen den einzelnen Ameisen eines Ameisenhaufens, entscheidet ein Kampf zwischen den einzelnen Gliedern der menschlichen Gesellschaft über das Weiterleben der Art. Daher sollte man sich hüten, dem jungen Menschen den Erfolg im üblichen Sinn als Ziel des Lebens hinzustellen. Als erfolgreicher Mann gilt jeder, der von seinen Mitmenschen mehr empfängt, als seinen Diensten entspricht. Der Wert eines Mannes aber sollte in dem bestehen, was er gibt, und nicht in dem, was er zu erlangen vermag.

Also ist das wichtigste Motiv für die Arbeit in der Schule und im Leben die Freude an der Arbeit, die Freude an ihrem Ergebnis und die Erkenntnis ihres Wertes für die Gemeinschaft. Im Erwecken und Stärken dieser seelischen Kräfte im jungen Menschen sehe ich die wichtigste Aufgabe, welche die Schule stellt. Nur aus einer solchen seelischen Grundeinstellung entsteht das freudige Verlangen nach den höchsten Gütern des Menschen, nach Wissen und künstlerischer Meisterschaft.

ALBERT EINSTEIN

Über die Rennerei

Sieh deine Getriebenheit mit Gelassenheit an,
Und du erkennst die Nutzlosigkeit der ganzen Rennerei.
Laß alle Sorgen in innerer Stille los,
Und du merkst, wie im Genuß dieser Stille
alles andere unwichtig wird.

HUNG YING-MING

Knechtschaft

Von Kindesbeinen an habe ich
Kenntnisse zusammengerafft; und alle
heiligen Schriften,
Alle Deutungen der Schrift und alle ihre
Auslegungen habe ich erwogen.
Aber ich bin nicht weiter gelangt
Als zu Begriffsspaltereien
Und zu leeren Ausdrucksformen.

Nie wußte ich, wo ich aufhören sollte.
Ans Ende und Ziel kam ich niemals.
Wie wenn ich ins Meer steige, seinen Sand
zu zählen,
So war meine Mühe vergebens.
Aber streng ward ich gestraft durch
Buddhas Wort.
Der sagte: Was nützt es, nachzuzählen
Die Schätze anderer?
Da fühlte ich, daß ich ziellos und elend
Gewandert war. Und alles war vergebens.
Viele Jahre hindurch war ich nutzlos ein Knecht
Des wirbelnden Staubes gewesen.

ZEN-GEDICHT

Vom Hochmut

Groß ist die List und die Tücke des Satans, der tausendmal die Hölle in Bewegung setzt, um uns glauben zu machen, wir hätten eine Tugend, die wir in Wirklichkeit nicht besitzen. Und er tut es mit gutem Grund; denn er richtet damit viel Schaden an, weil diese eingebildeten Tugenden, ihrer Herkunft entsprechend, stets von Ehrsucht begleitet sind, während die anderen, die Gott schenkt, frei sind von Dünkel und Hochmut.

Wir haben eine große Liebe zu uns selber und wachen mit scharfsinniger Klugheit darüber, daß wir nichts von unserem Recht einbüßen. Oh, was für ein Selbstbetrug! Gott erleuchte uns mit seiner Barmherzigkeit, daß wir nicht in diese Finsternis fallen.

Doch der Satan schleicht sich arglistig an die Seele heran, verleitet sie unterm Deckmantel der Rechtschaffenheit dazu, in Kleinigkeiten von Gottes Willen ein wenig abzuweichen und sich in Dinge einzulassen, die er ihr als harmlos vorstellt, umnebelt ihr allmählich den Verstand, lullt ihren Willen ein und läßt die Eigenliebe in ihr aufkeimen, bis sie mehr und mehr sich von Gottes Willen entfernt und sich dem seinen nähert.

Teresa von Avila

Vom Wollen

Wenn wir meinen, die geheimen Wege Gottes ließen uns erkennen, daß er uns hört, dann ist es gut, wenn wir schweigen; denn er hat uns gestattet, in seiner Nähe zu sein. Und es wäre nicht schlecht, wenn wir danach trachteten, nicht mit dem Verstand zu arbeiten – falls uns dies möglich ist, meine ich.

Wenn Gott will, daß der Verstand von seinem Tun abläßt, so beansprucht er ihn auf andere Weise und schenkt der Erkenntnis eine Erleuchtung, die so erhaben ist über das, was wir von uns aus zu erreichen vermögen, daß der Verstand hingerissen verharrt. Und da erfährt er, ohne zu wissen wie, eine Unterweisung, die sehr viel besser ist als alles, was er mit seinem Eifer, der ihn nur immer tiefer in Verlorenheit stürzt, je erlangen könnte.

Denn Gott hat uns die Seelenkräfte gegeben, daß wir mit ihnen arbeiten und eine jede ihren Lohn erlangt. Es gibt keinen Grund, weshalb wir sie mit einem lähmenden Bann belegen sollten. Wir wollen sie vielmehr ihres Amtes walten lassen, bis ihnen Gott eine höhere Aufgabe zuweist.

TERESA VON AVILA

Das Leben ist die Form

Die Speichen bilden das Rad,
wo sie nicht sind, liegt ihre Bedeutung.
Der Ton formt den Krug,
wo er nicht ist, liegt seine Bedeutung.
Die Wände formen den Raum,
wo sie nicht sind, liegt ihre Bedeutung.
Das Leben ist die Form,
wo es nicht ist, liegt seine Bedeutung.

LAOTSE

Könnten wir weisen den Weg,
es wäre kein ewiger Weg.
Könnten wir nennen den Namen,
es wäre kein ewiger Name.

LAOTSE

Herbsttag

Herr: es ist Zeit. Der Sommer war sehr groß.
Leg deinen Schatten auf die Sonnenuhren,
und auf den Fluren laß die Winde los.

Befehl den letzten Früchten voll zu sein;
gib ihnen noch zwei südlichere Tage,
dränge sie zur Vollendung hin und jage
die letzte Süße in den schweren Wein.

Wer jetzt kein Haus hat, baut sich keines mehr.
Wer jetzt allein ist, wird es lange bleiben,
wird wachen, lesen, lange Briefe schreiben
und wird in den Alleen hin und her
unruhig wandern, wenn die Blätter treiben.

RAINER MARIA RILKE

II.

Vom Suchen

Die Antithese

In der Zahl Zwei erscheint die Antithese als Antwort auf die These der Eins. Als Ausdruck der Spaltung von Subjekt und Objekt erzeugt die Zwei Spannung. Das Weltbild der Zwei in der Antithese drängt die Sicht der Dinge in das Entweder-Oder, bevor es sich weiterentwickelt zum befreienden Sowohl-als-Auch und damit den Weg öffnet in die dreidimensionale Sicht der Welt.

Während die Eins im Menschen wie Adams erstes Hervortreten des Wollens wirkt, bewegt Eva in uns die These der Eins durch ihre Antithese und wird damit zur Herausforderung. Die chinesische Philosophie kennt Yin und Yang als weibliches und männliches Gegensatzpaar. Im Individuum gilt es, das Paar zu einigen. Der konstante Druck der Zwei zwingt uns zur Suche und wie in einem Spiegel zeigt uns die Antithese, daß wir meist außerhalb von uns selbst das vermuten, was in Wahrheit im Inneren liegt.

Physikalisches Trägheitsgesetz

Jeder Körper verharrt in seinem Zustand
der Ruhe oder der gleichförmigen Bewegung
längs einer geraden Linie,
es sei denn,
daß er durch äußere Kräfte gezwungen wird,
seinen Zustand zu ändern.

ISAAC NEWTON

Der Weg ist das Ziel

Der Weg zum Ziel ist zunächst chaotisch und unabsehbar, und nur ganz allmählich mehren sich die Anzeichen einer Zielgerichtetheit. Der Weg ist nicht geradlinig, sondern anscheinend zyklisch. Genauere Kenntnis hat ihn als Spirale erwiesen: Die Traummotive kehren nach gewissen Intervallen immer wieder zu bestimmteren Formen zurück, die ihrer Art nach ein Zentrum bezeichnen.

Carl Gustav Jung

Vom Ungeist

Nicht Mangel an Geist, sondern ein Geist, der sich ununterbrochen selbst gegenwärtig ist, eine Ausgeglichenheit, gegen die nichts und niemand ankommt. Die Menschen reden, die Karawane zieht vorüber: Die Dummheit erkennt man an jenem ruhigen Fortschreiten eines Wesens, das Worte von außen weder ablenken noch berühren können. Sie ist nicht das Gegenteil der Intelligenz, sondern jene Form der Intellektualität, die alles auf ihr eigenes Maß zurechtstutzt und jeden Anfang in einem vertrauten Vorgang auflöst. Der Dummheit ist nichts Menschliches jemals fremd; die macht – über die Lächerlichkeit hinaus – ihre unerschütterliche Kraft und ihre mögliche Grausamkeit aus.

ALAIN FINKIELKRAUT

Suchen

Nur kein Suchen hinter andern her!
Weit, o weit entfremdets dich dir selbst.
Jetzt, wo ich allein und selber geh,
Überall begegne ich dem Wicht.
Jetzt ist er kein anderer als ich.
Jetzt bin ich ein anderer als er.
So, genau so muß man es verstehn.
So erst stimmt es mit dem Wie der Welt.

TÔZAN RYÔKAI

Den Weg machst du beim Gehen

Wanderer, deine Fußstapfen
sind der Weg, und nichts sonst.
Wanderer, einen Weg gibt es nicht,
den Weg machst du beim Gehen.
Beim Gehen machst du den Weg,
und blickst du zurück,
so siehst du den Pfad,
den du nie mehr wieder
betreten mußt.
Wanderer, einen Weg gibt es nicht,
nur Wirbel im Wasser des Meeres.

ANTONIO MACHADO Y RUIZ

Revolution

You say you want a revolution
Well you know
we all want to change the world.
You tell me that it's evolution
Well you know
We all want to change the world.
But when you talk about destruction
Don't you know that you can count me out
Don't you know it's gonna be alright.
Alright   Alright
You say you got a real solution
Well you know
we'd all love to see the plan.
You ask me for a contribution
Well you know
We're doing what we can.
But when you want money for people with minds that hate
All I can tell you is brother you have to wait.
Don't you know it's gonna be alright.
Alright   Alright
You say you'll change the constitution
Well you know
we all want to change our head.
You tell me it's the institution
Well you know
You better free your mind instead
But if you go carrying pictures of Chairman Mao
You ain't going to make it with anyone anyhow.
Alright   Alright

THE BEATLES

Vom Suchen der Wahrheit in Büchern

Wenn die Bücher nun aber die Wahrheit sagen, auch wo sie einander widersprechen, dann ist jedes ihrer Worte eine Anspielung, eine Allegorie. Sie besagen etwas anderes als das, was sie zu sagen scheinen. Jedes von ihnen enthält eine Botschaft, die keines von ihnen allein je enthüllen kann. Um die mysteriöse Botschaft, die in den Büchern steckt, zu verstehen, muß man nach einer Offenbarung jenseits der menschlichen Reden suchen, nach einer, die durch Verkündung der Gottheit selbst kommen müßte, durch die Modi der Vision, des Traums oder des Orakels. Doch eine unerhörte, nie zuvor vernommene Offenbarung wird von einem noch unbekannten Gott und einer bisher noch geheimen Wahrheit sprechen müssen. Eine geheime Weisheit ist eine tiefe Weisheit, denn nur, was unter der Oberfläche liegt, kann auf lange Sicht unbekannt bleiben. Infolgedessen wird nun die Wahrheit mit dem gleichgesetzt, was nicht gesagt ist, oder was auf dunkle Weise gesagt wird und jenseits des Scheins und der Wörtlichkeit zu verstehen ist. Die Götter sprechen, heute würden wir sagen, das Sein spricht durch hieroglyphische und enigmatische Botschaften.

UMBERTO ECO

Dem Uranos

Uranos, Allerzeuger, des Alls
Ewig unzerstörbarer Teil,
Erstgeborener, Anfang und Ende
Aller Dinge, Beherrscher der Welt,
Der in Kugelgestalt
Um die Erde sich rundet!
Haus der seligen Götter,
Wandernd in kreisender Drehung,
Allumschlingendes Band,
Wächter von Äther und Erde –
Du bewahrst in der Brust der Natur
Zwingende, grause Notwendigkeit.
Schimmernd in bläulich-dunkler Haut,
Unbezwingliche Luftgestalt,
Kronos allsehender Vater,
Höre uns, höchster, seliger Daimon!
Strömen laß die lebendige Weihe
Auf die Neugeweihten herab!

ORPHEUS

Anspruch auf Überlegenheit

All dieses Ausspielen von Geschlecht gegen Geschlecht, von Eigenschaft gegen Eigenschaft; der ganze Anspruch auf Überlegenheit und das Zuschreiben von Unterlegenheit, gehören ins Volksschulstadium der menschlichen Existenz, wo es »Seiten« gibt und es für die eine Seite notwendig ist, die andere zu schlagen, und von höchster Wichtigkeit, zum Katheder vorzugehen und aus der Hand des Rektors persönlich einen höchst dekorativen Pokal zu erhalten. Sobald die Menschen aber erwachsener werden, hören sie auf, an »Seiten« zu glauben und an Rektoren oder an höchst dekorative Pokale. Auf jeden Fall ist es, soweit Bücher betroffen sind, notorisch schwierig, Etiketten des Verdienstes so anzubringen, daß sie nicht wieder abgehen.

VIRGINIA WOOLF

Das Menschenrecht auf Irrtum

Der drohende Irrtumsverlust oder genauer: der Irrtums*fähigkeits*verlust ist ein Thema von waghalsiger Grundsätzlichkeit... Irren ist menschlich, sich nicht irren zu dürfen, nicht menschengemäß. Wer die Gefahren des drohenden Irrtumsverlusts für die technische Zivilisation ignoriert, verschließt zugleich die Augen vor der Tatsache, daß die entwickeltsten Strukturen in Technologie und Wissenschaft, welche die Möglichkeit der menschlichen Irrtumserfahrung heute beeinträchtigen und unterbinden, sich selbst eben dieser Produktivkraft des Irrtums verdanken.

BERND GUGGENBERGER

Vom Weg des Irrens

Ich finde
Nicht Anfang, nicht Ende
In meinem Sinn.
Buddha-Wesen
Wird uns nicht
In die Wiege gelegt;
Daß wir
Als Buddha geboren würden,
Gibt ein falsches Bild.
Von Anbeginn
Allen Lebenden gemeinsam
Ist der Weg des Irrens.

IKKYÛ

An seinen Bruder Michail Michailowitsch

Wenn ich auf die Vergangenheit zurückblicke und mir überlege, wieviel Zeit vergeudet worden ist, wieviel die Irrwege, Fehler, der Müßiggang und das Unvermögen zu leben gekostet haben; wie gering mir der Wert der Zeit erschien, wie oft ich gegen mein Herz und meinen Geist gesündigt habe – so blutet mir das Herz. Das Leben ist ein Geschenk, das Leben ist Glück, jede Minute hätte eine Ewigkeit Glück bedeuten können. Si *jeunesse savait*! Nun, da sich mein Leben verändert hat, werde ich auf neue Weise wiedergeboren. Bruder! Ich schwöre Dir, die Hoffnung nicht zu verlieren, mir Geist und Herz in Reinheit zu bewahren. Ich werde ein Besserer werden. Darin liegt meine ganze Hoffnung, mein ganzer Trost!

FJODOR DOSTOJEWSKI

Prüfungen

Gott ist es, der uns auf der Erde die schwersten Aufgaben stellt. Er prüft uns durch und durch, und wenn Dein Glaube nicht ausreicht, wenn Deine Körperkraft nicht groß genug ist und wenn Du unterzugehen drohst, dann kommt Er Dir zu Hilfe und zeigt Dir, daß Du den Glauben nicht verlieren darfst und daß Er Dir immer zu Diensten ist, aber nach Seinen eigenen Bedingungen. Das habe ich herausgefunden. Ich kann mich an keine Gelegenheit erinnern, wo Er mich je verlassen hätte, wenn ich in Schwierigkeiten war.

MAHATMA GANDHI

Was der Engel sagt

Gebt acht!
Es gibt keinen noch so dunklen Abgrund,
keinen noch so verschlungenen Irrweg,
der nicht WEG wäre.
Daß euch Schrecken und Grauen
nicht irreführen!
Habt ihr Glauben,
so könnt ihr nicht nur über das Wasser,
sondern über die Leere,
die schwarze Leere schreiten.
Fürchtet euch nicht!
Auf dies eine achtet:
Stützt euch auf nichts!
Was euch sicherste Stütze scheint,
wird schwärzeste Leere.
Ergreift die Stütze nicht –
sonst werdet ihr selbst zur Leere.

GESPRÄCH MIT DEM ENGEL
AUFGEZEICHNET VON
GITTA MALLASZ

Psalm XIII

Wie lange, Herr, wirst du mich ganz vergessen?
Wie lange noch verbirgst du dein Gesicht vor mir?
Wie lange soll ich in meiner Seele Pläne ersinnen,
in meinem Herzen den ganzen Tag Schmerzen ertragen?
Wie lange wird mein Feind sich über mich erheben?
Schau her und erhöre mich, Herr, mein Gott.
Erleuchte meine Augen, daß ich nicht
zum Tode entschlafe,
damit mein Feind nicht irgendeinmal sagen kann:
Ich habe ihn überwältigt.
Die mich bedrängen, werden jubeln,
wenn ich fortgeschafft bin,
ich aber habe auf dein Erbarmen gehofft.
Mein Herz wird jubeln in deinem Heil;
ich werde dem Herrn singen, der mir Gutes getan hat,
und ich werde den Namen des höchsten Herrn
lobpreisen.

FRANZ VON ASSISI

Erfahrungen

Erfahrungen sind Gaben, wie alles andere auch.
Schlechte Erfahrungen sind Gaben.
Nur was man wirklich annimmt, hat man.
Ein Leiden, eine Gabe. Und Leid, aus dem
du lernst, ein Schatz. Und Leid, aus dem
du lernst, nicht mehr zu leiden, das dich
unverwundbar macht, eine Kostbarkeit.
Und Leid,
das dich lehrt,
andere nicht mehr zu verwunden, eine
Unschätzbarkeit.

BRIGITTE SCHWAIGER

Eins und alles

Im Grenzenlosen sich zu finden,
Wird gern der Einzelne verschwinden,
Da löst sich aller Überdruß;
Statt heißen Wünschen, wildem Wollen,
Statt lästgem Fordern, strengem Sollen
Sich aufzugeben, ist Genuß.

Weltseele, komm, uns zu durchdringen!
Dann mit dem Weltgeist selbst zu ringen,
Wird unsrer Kräfte Hochberuf.
Teilnehmend führen gute Geister,
Gelinde leitend, höchste Meister,
Zu dem, der alles schafft und schuf.

Und umzuschaffen das Geschaffne,
Damit sichs nicht zum Starren waffne,
Wirkt ewiges, lebendiges Tun.
Und was nicht war, nun will es werden,
Zu reinen Sonnen, farbigen Erden,
In keinem Falle darf es ruhn.

Es soll sich regen, schaffend handeln,
Erst sich gestalten, dann verwandeln;
Nur scheinbar stehts Momente still.
Das Ewige regt sich fort in allen:
Denn alles muß in Nichts zerfallen,
Wenn es im Sein beharren will.

JOHANN WOLFGANG VON GOETHE

Wandlungen

Es gilt, beständig Wahrnehmungen zu sammeln, um nicht in Gedanken in weite Fernen zu schweifen, anstatt draußen nachzusehen, wie alles steht. Es gilt, dann erst im Innern Absichten zu spüren. Und gerade wer begabt ist, muß besonders am Wirklichen arbeiten: Wer nämlich den größten Teil seiner Fähigkeiten dadurch brachliegen läßt, daß er nur auf sich gestellt alle Angelegenheiten zu fördern trachtet und nicht mehr daran arbeitet, feinsinnig Wahrnehmungen zu sammeln, der wird sich auf diese Weise um so mehr schaden, je begabter er ist.

Alle diese nach Hohem Begierigen, das Weite Ersehnenden, die nicht den Mut haben, beim Nahen anzufangen, wie sollten sie das wirklich Große verstehen?

KONFUZIUS

Aufgeblähte Persönlichkeiten

Ein aufgeblasenes Bewußtsein ist immer egozentrisch und nur seiner eigenen Gegenwart bewußt. Es ist unfähig, aus der Vergangenheit zu lernen, unfähig, das gegenwärtige Geschehen zu begreifen, und unfähig, richtige Schlüsse auf die Zukunft zu ziehen.

So fängt die Psychologie, die Bekanntschaft mit unserer Seele, in jeder Beziehung am widerwärtigsten Ende an, nämlich bei allem, was wir nicht sehen wollen.

Das einzige, was wirklich hilft, ist die Selbsterkenntnis und die dadurch bewirkte Änderung der geistigen und moralischen Einstellung.

Carl Gustav Jung

Über die Gefahr

Viele kennen ja nicht einmal die Definition der Gefahr. Für sie bedeutet Gefahr eine kleine Körperverletzung, ein bißchen Blut und ein großes Trara in der Zeitung. Was ist das schon? Die wirkliche Gefahr liegt darin, daß man lebt, in sonst nichts. Leben ist nur eine Existenzverwirrung, ein absurdes Unterfangen, die Existenz Schritt für Schritt bis zum Chaos aufzulösen, dann die Unsicherheit als Köder auszuwerfen und Schritt für Schritt die Existenz wieder aufzubauen. Eine gefährlichere Arbeit ist gar nicht denkbar. Obwohl es keine Unsicherheit der Existenz an sich gibt, wird sie dadurch geschaffen, daß man lebt.

YUKIO MISHIMA

Warnung

Komm aus der Höhe herab
steig mal von deinem Roß

sieh einfach zu und staune

wie ich den Kopf hebe
die Schultern, die Arme
davonfliege in klarer Luft
ohne mich umzusehen nach dir.

URSULA KRECHEL

Über die Demut

Vernunft ist die Fähigkeit, objektiv zu denken. Die ihr zugrundeliegende emotionale Haltung ist die *Demut*. Man kann nur objektiv sein und sich seiner Vernunft bedienen, wenn man demütig geworden ist und seine Kindheitsträume von Allwissenheit und Allmacht überwunden hat.

Auf die Praxis der Kunst des Liebens bezogen bedeutet dies: Da die Fähigkeit zu lieben davon abhängt, daß unser Narzißmus relativ gering ist, verlangt diese Kunst die Entwicklung von Demut, Objektivität und Vernunft. Wir müssen unser ganzes Leben darauf ausrichten. Demut und Objektivität sind ebenso unteilbar wie die Liebe.

ERICH FROMM

Was der Engel sagt

Was ist die wahre Demut?

Beugst du das Haupt
und fühlst dich erhoben,
so ist es wahre Demut.
Beugst du das Haupt
und fühlst dich erniedrigt,
so ist es falsche Demut.

Gespräch mit dem Engel
aufgezeichnet von
Gitta Mallasz

Was Gott Hildegard von Bingen über die Demut erzählt

»Wer kann Mich überwältigen? Wer es versucht, den stürze Ich. Daher greife der Mensch nicht nach dem Berge, den er nicht erschüttern kann, sondern verharre im Tale der Demut. Und wer überspringt wasserlose Wege? Wer sich in den Wirbel schwingt und saftlose Früchte verteilt. Und wie kann dort Mein Zelt sein? Ich zelte an dem Ort, den der Heilige Geist mit seinem Tau übergießt. Was bedeutet dies? Ich bin in der Mitte.
Wer Mich erfaßt, wie sich ziemt, der kommt nicht zu Fall, weder nach oben noch nach unten, noch zur Seite hin. Denn Ich bin die Liebe, die nicht in Stolz aufflammt und stürzt, nicht in die Tiefe fällt und zerbricht, nicht in der Breite der Laster zermürbt. Kann Ich etwa nicht bauen bis zu jener Höhe, deren Schemel die Sonne ist? Die Starken, die in Tälern ihre Kraft zur Schau tragen, verachten Mich, stumpf sind sie im Getöse der Tumulte. Die Weisen, und wer immer sich einen Turm nach seinem Willen baut, verschmähen Meine Speise. Ich aber werde sie beschämen durch den Geringen und Kleinen, wie Ich Goliath durch einen Knaben niedergeworfen und Holofernes durch Judith zuschanden gemacht habe.«

HILDEGARD VON BINGEN

Die Unruhe kommt von dir

Nichts ist, das dich bewegt, du selber bist das Rad,
Das aus sich selbsten läuft und keine Ruhe hat.

ANGELUS SILESIUS

Von den Überschattungen beim Erkennen

Ein verhängnisvolles Übel, durch das alle Menschen behindert werden, ist: Befinden wir uns im Schatten einer Teilsicht, so tappen wir über die wesentlichen, alle Teilsichten durchdringenden, Ordnungen im dunkeln. Wer aber die Überschattungen von den Dingen sondert, den führt das Ordnen zu dem Beständigen zurück.

Überschattend wirkt: ungezügeltes Begehren oder Abscheu, nur den Anfang oder nur das Ende beachten, etwas nur von weitem oder nur von nahem betrachten, nur in den Tiefen forschen oder nur ganz oberflächlich, nur das Alte anerkennen oder nur das Neue. Das Besondere aller Dinge überschattet sich wechselseitig, und das ist ein allgemeines Verhängnis für die kunstvollen Fähigkeiten des Herzens.

KONFUZIUS

Was sind die Überschattungen?

Der Meister sprach: »Yu, hast du von den sechs Worten über die sechs Überschattungen gehört?« Er antwortete: »Noch nicht.« »Setze dich her, ich werde mit dir darüber reden. Liebevolle Beziehung zu den anderen ausüben, ohne zu lieben, in nachahmendem Üben etwas zu erlernen: dieses führt als Überschattung zur Torheit. Weisheit lieben, ohne zu lieben, in nachahmendem Üben etwas zu erlernen: dieses führt als Überschattung zur Ziellosigkeit. Vertrauenswürdigkeit lieben, ohne zu lieben, in nachahmendem Üben etwas zu erlernen: dieses führt als Überschattung zu Beschädigung. Geradheit lieben, ohne zu lieben, in nachahmendem Üben etwas zu erlernen: dieses führt als Überschattung zu Grobheit. Mut lieben, ohne zu lieben, in nachahmendem Üben etwas zu erlernen, dieses führt als Überschattung zur Empörung; die Strenge lieben, ohne zu lieben, in nachahmendem Üben etwas zu erlernen, dieses führt als Überschattung zur Grausamkeit.«

KONFUZIUS

Gedanken am Meer

Man darf nicht danach suchen oder etwa gar danach graben! Nein, nur kein Schleifnetz über den Meeresgrund ziehen. Das würde unseren Zweck vereiteln. Das Meer belohnt jene nicht, die zu beflissen, zu gierig oder zu ungeduldig sind. Nach Schätzen zu graben beweist nicht nur Ungeduld und Gier, auch Mangel an Glauben. Geduld, Geduld, Geduld lehrt uns das Meer. Geduld und Glauben. Leer, offen und passiv wie der Strand sollten wir daliegen – das Geschenk des Meeres erwartend.

ANNE MORROW LINDBERGH

Fünf Stufen im Zen

Erste Stufe
Verschiedenheit in Gleichheit

Zur dritten Nachtzeit oder zur ersten Nachtzeit,
bevor der Mond leuchtet,
Da ist es nicht verwunderlich, wenn einander
Begegnende sich nicht erkennen.
Und doch bleibt, verborgen, eine Spur des
vergangenen Tages erhalten.

Zweite Stufe
Gleichheit in Verschiedenheit

Eine alte Frau, die den Morgen versäumte,
steht dem uralten Spiegel gegenüber. –
Sie spiegeln sich wider in völliger Klarheit,
da ist kein Wirkliches mehr.
Laß davon ab, schon wieder den Kopf zu verlieren
und Schatten zu »erkennen«!

Dritte Stufe
Heraustreten aus Gleichheit

Es gibt inmitten des Nichts einen Pfad,
der aus dessen Staub herausführt.
Wahrlich, denn er macht unfähig,
gegen gültiges Gesetz zu verstoßen;
Und er macht auch überlegen dem zungen-
schneidenden Rhetor aus der letzten Dynastie.

Vierte Stufe
Ankunft in Kreuzung

Die zwei gekreuzten Schwertklingen
dürfen nicht getrennt werden.
Ein starker Arm ist ja wie Lotos im Feuer;
Er trägt in sich den Geist,
der kühn zum Himmel stürmt.

Fünfte Stufe
Rückkehr in Verschmelzung

Wer kann mit dem eins werden, der weder
hinneigt zum Sein noch zum Nichtsein?
Wer alle weltlichen Ströme überschritten
zu haben wünschte,
Der fände sich wohl zum Ausgangspunkt zurück
und säße inmitten seiner Kohlen.

TÔZAN RYÔKAN

III.

Vom Wachsen

Die Synthese

Die Zahl Drei symbolisiert die Überwindung der trennenden Gegensätze zwischen These und Antithese. Sie ist die erste Zahl, die eine neue Sicht eröffnen kann. Sie ist die Zahl des erwachenden Geistes.

Aus den drei Grundfarben Rot, Gelb und Blau setzen sich alle Farben zusammen. Die Vermischung von Gelb (These) mit Blau (Antithese) bringt Grün als Synthese hervor. Grün, die Symbolfarbe der Fruchtbarkeit, des Wachstums und des heiligen Geistes. Die Gesetze der Natur leben nicht außerhalb von uns, sondern vollziehen sich in uns.

Die Drei symbolisiert auch das Kind. Als Geistesfrucht wird das Kind im Menschen neu geboren. Die dreidimensionale Sicht nimmt die scheinbaren Gegensätze als Ganzheit wahr. Die Drei schafft eine neue stabile Ebene, indem sie die Dualität der Zwei nicht negiert, sondern überwindet und transformiert.

Durchbruch zur ersten Reife

Das ist das Eigentümliche für die Zeit der ersten Reife, daß die Welt auf einmal wie auseinandergebrochen ist in zwei Welten. Die eine ist die nüchterne, allzubestimmte, geregelte, geordnete, bekannte und in all dem so enge Welt, ganz unmittelbar greifbar den Sinnen, von anderen vorgeformt, Leistungen fordernd, der Kritik des Verstandes unterworfen, und hinter ihr lockt eine ungreifbare andere, von unendlicher Weite, unfaßbar, nur dem ahnenden Herzen erschlossen und doch voll bedeutsamen Sinnes und als die *eigentliche* empfunden.

Wie die Welt ringsum in sich selber gespalten erscheint, so auch fühlt sich der Mensch in zwei verschiedene Hälften zerrissen. Er fühlt sich wie gefangen in der zu engen Hülle des Leibes, beengt in der Nüchternheit eingespielter Formen des Denkens und eingegrenzt in ein Leben, in dem er sich fügen und einordnen muß nach Regeln, an deren Geltungsanspruch er zweifelt.

KARLFRIED GRAF DÜRCKHEIM

Alice wächst im Wunderland

»Ich kann nichts dafür«, sagte Alice voller Sanftmut, »ich wachse.«
»Du hast hier nicht zu wachsen«, sagte die Haselmaus.
»Rede doch kein dummes Zeug«, sagte Alice schon etwas mutiger, »du wächst ja selber, das weißt du ganz genau.«
»Schon«, sagte die Haselmaus, »aber ich wachse auf eine vernünftige Art und Weise und nicht in einem derart lächerlichen Ausmaß.«

LEWIS CARROLL

Aufhebung der Grenzen

Niemals nehmen wir ein Objekt oder ein Ereignis oder eine Figur wahr, es sei denn in Beziehung zu einem kontrastierenden Hintergrund. Zum Beispiel ist etwas, das wir hell nennen, in Wirklichkeit eine helle Figur, die sich von einem dunklen Hintergrund abhebt. Wenn ich in einer dunklen Nacht zum Himmel hinaufschaue und das Glitzern eines hellen Sterns wahrnehme, ist das, was ich in Wirklichkeit sehe, was mein Auge tatsächlich aufnimmt, nicht der abgesonderte Stern, sondern das ganze Feld oder die ganze Gestalt von hellen Sternen *und* dunklem Hintergrund.

Auf dieselbe Weise nehme ich Lust nie wahr, außer in Beziehung zu Unlust. Ich kann mich tatsächlich in diesem Augenblick sehr behaglich und vergnügt fühlen, aber ich könnte es niemals *erkennen*, gäbe es nicht den Hintergrund von Unbehagen und Mißmut.

Wenn man ausspricht, »Die letzte Realität ist eine Einheit von Gegensätzen«, sagt man in Wirklichkeit damit, daß es *in der letzten Realität keine Grenzen gibt*. Überhaupt keine.

KEN WILBER

Über die Erkenntnis der Nicht-Zweiheit

Jesus sah kleine Kinder, wie sie Milch saugten. Er sprach zu seinen Schülern so: Diese kleinen Kinder, die saugen, gleichen denen, die hineinkommen in die Herrschaft. Sie sprachen zu ihm so: Werden wir, wenn wir kleine Kinder sind, hineinkommen in die Herrschaft? Es sprach Jesus zu ihnen so: Wenn ihr zwei zu eins macht und wenn ihr den inneren Teil wie den äußeren Teil und den äußeren Teil wie den inneren Teil und den oberen Teil wie den unteren Teil macht und wo ihr das Männliche und das Weibliche zu einem Einzigen macht, damit nicht das Männliche männlich und das Weibliche weiblich bleibe; wenn ihr macht Augen statt eines Auges und Hände statt einer Hand und Füße statt eines Fußes und Bilder statt eines Bildes, dann werdet ihr hineinkommen.

Thomas-Evangelium
Aus der Gnosis

Wer sucht, der suche, bis er findet.
Und wenn er gefunden hat,
wird er erschüttert werden.
Und wenn er erschüttert ist,
wird er staunen.

Und dann wird er über das All herrschen.

Thomas-Evangelium
Aus der Gnosis

Vereinigung von Gegensätzen

Die falsche Vorstellung lehrt, daß Dinge wie Licht und Schatten, lang und kurz, schwarz und weiß, verschieden sind und auseinandergehalten werden müssen; aber sie sind nicht unabhängig voneinander; sie sind nur verschiedene Aspekte desselben, sind Ausdrücke von Beziehungen, nicht der Wirklichkeit.

Daseinsbedingungen sind nicht von der Art, daß sie sich gegenseitig ausschließen; im Kern sind die Dinge nicht zwei, sondern eins.

AUS DEM
LANKAVATARA SUTRA

Der in Gegensätzen befangene Geist

Wenn er der irrenden Seele ganz abschwört
Um der Wahrheit willen,
So gewinnt der noch in Gegensätzen befangene Geist
Nur kluge Falschheit.
Ein noch unvollkommener Schüler,
Der Untersuchungen und Übungen
Für nötig hält,
Der verwechselt wahrlich mit einem Dieb
Seinen eigenen Sohn.

Den Schatz der Wahrheit verliert man
Durch die eigenen Sinne und den eigenen Verstand.
Und so verliert man allen Segen,
Wer durch das Tor des Zen
Eingehen will,
Der muß seinen Verstand ablegen.
Darin besteht gerade die Kraft
Der unmittelbaren Schau und Weisheit,
Daß sie mit einem Sprunge
Ins Ungeborene führt.

VERSE CHINESISCHER ZEN-SCHÜLER

Der innere Raum

Unsere Zustände schreiben wir bald Gott, bald dem Teufel zu, und fehlen ein wie das andere Mal: in uns selbst liegt das Rätsel, die wir Ausgeburt zweier Welten sind.

JOHANN WOLFGANG VON GOETHE

Trink aus deinem eigenen Brunnen

Wie töricht tut der Mensch,
der aus der Pfütze trinkt
Und die Fontäne läßt,
die ihm im Haus entspringt.

ANGELUS SILESIUS

Frag ...

Frag, wer den Wind hält
Frag, was heilig ist.

MARGARET ATWOOD

Within you without you

We were talking –
about the space between us all
And the people – who hide themselves
behind a wall of illusion
Never glimpse the truth – then it's far too late –
when they pass away.
We were talking –
about the love we all could share –
when we find it to try our best to hold it there –
with our love.
With our love – we could save the world –
if they only knew.

Try to realize it's all within yourself
no-one else can make you change
And to see you're really only very small,
and life flows on within you and without you.
We were talking –
about the love that's gone so cold and the people,
who gain the world and lose their soul –
they don't know – they can't see – are you one of them?
When you've seen beyond yourself –
then you may find peace of mind is waiting there –
And the time will come when you see we're all one,
and life flows on within you and without you.

THE BEATLES

Perspektive des freien Raums

Schönheit entfaltet sich nur im freien Raum. Nur im freien Raum sind Ereignisse, Gegenstände und Menschen unwiederholbar und unersetzlich und bedeutungsvoll – und deshalb auch schön. Ein Baum wird bedeutungsvoll, wenn man ihn vor der leeren Fläche des Himmels betrachtet. Ein Ton in einem Musikstück gewinnt an Bedeutung, wenn er zwischen zwei tonlosen Pausen steht. Eine Kerzenflamme blüht im Raum der Nacht. Selbst geringe und alltägliche Dinge gewinnen, wenn der Raum sie umspült, eine Bedeutung, wie ein paar hingehauchte Herbstgräser, die auf einer asiatischen Malerei in der Ecke eines leeren Blattes stehen.

ANNE MORROW LINDBERGH

Stille

Ich, der ich in einem Baum aufgewachsen,
hätte mancherlei zu erzählen,
doch da ich viel erfuhr von der Stille,
habe ich mancherlei zu verschweigen,
und das lernt man, indem man wächst
ohne einen anderen Genuß als das Wachsen,
ohne eine andere Sehnsucht als nach Substanz,
ohne ein anderes Tun als Unschuld,
und drinnen golden die Zeit,
bis die Höhe sie zu sich ruft,
um sie in Orangen zu verwandeln.

PABLO NERUDA

Innen wie Außen – Außen wie Innen

Der Mensch, der in seinen Mitmenschen *nichts* Gutes sieht, wird auch seines eigenen Guten nicht gewahr; der Mensch, der nur Böses in denen um sich sieht, erblickt sie durch die verkehrte Linse seiner eigenen verzerrten Natur. Jene aber, die zur Welt der Wirklichkeit erwachen, werden beständig auf das Göttliche im Menschen aufmerksam gemacht: durch ihre selbstlosen Handlungen, ihre Freundlichkeit, ihren forschenden Geist, ihren Frohsinn in Schwierigkeiten und in ihrer grundsätzlichen Güte.

ALICE A. BAILEY

Was der Engel sagt

Höre gut:
Ein wunderbarer Spiegel ist in dir.
Dieser Spiegel offenbart alles.
Er ruht in dir und spiegelt IHN.
Jedoch nur,
wenn Stille ist.

ER betrachtet sich in uns.
Seid also reine Spiegel!
Trübe, zersprungene Spiegel
werden verworfen,
denn sie sind unbrauchbar.

GESPRÄCH MIT DEM ENGEL
AUFGEZEICHNET VON
GITTA MALLASZ

Über die innere Stimme

Warum eigentlich fürchten wir die Stille? Weil wir den Spiegel, den sie uns vorhält, nicht ertragen können, weil wir verlernt haben, wirklich tief ehrlich zu sein – mit anderen und auch mit uns selbst. Die innere Stimme hat uns auch heute, in diesem tönenden, lauten, ja ich möchte sagen, gewalttätigen Leben nicht verlassen, sie ist auch nicht leiser geworden, nur wir sind lauter geworden und stellen uns taub aus Angst vor der Konsequenz, aus Angst, einfach zu leben und zu denken. Wir müssen erneut Mut und Vertrauen erlernen, den Mut, auf unsere eigene innere Stimme zu hören, und das Vertrauen, ihr zu folgen, denn alles laute Betäuben oder gar Abtöten ist nur ein zielloser Ausweg, der in einer Sackgasse anstatt in der Weite der echten Freiheit enden muß.

YEHUDI MENUHIN

Projektionen

Wir müssen auch die Lehre nutzen und fleißig an dem Spiegel unserer Seele schleifen, damit er glatt und klar werde und treu das Bild der schönen Natur zurückwerfe. Wie mancher Mensch würde aufhören, über die Verderbtheit der Zeiten und der Sitten zu schelten, wenn ihm nur ein einzigesmal der Gedanke einfiele, ob nicht vielleicht bloß der Spiegel, in welchen das Bild der Welt fällt, schief und schmutzig ist? Wie oft stand nicht vielleicht ein solcher Mensch schon vor dem Spiegel, der ihm die lehrreiche Warnung zurief, wenn er sie verstanden hätte – ja *wenn er sie verstanden hätte.*

HEINRICH VON KLEIST

Über die Stille

Wer Klang wirklich in seinen ganzen Dimensionen aufnehmen will, muß Stille erfahren haben. Stille als wirkliche Substanz, nicht als Abwesenheit eines Geräuschs. Diese echte Stille ist Klarheit, aber nie Farblosigkeit, ist Rhythmus, ist Fundament allen Denkens, darauf wächst alles Schöpferische von Wert. Alles, was lebt und dauert, entsteht aus dem Schweigen; wer diese Stille in sich trägt, kann den lauten Anforderungen von außen gelassen begegnen.

YEHUDI MENUHIN

Stille, die ich in mir vermute …

Ich wärme meinen Körper, um anzufangen, die Hände aneinander reibend, um mir Mut zu machen. Jetzt fällt mir ein, daß es eine Zeit gab, in der ich betete, um meinen Geist zu erwärmen: Bewegung ist Geist. Das Gebet war ein Mittel, um, stumm und versteckt vor allen, mein Selbst zu erreichen. Wenn ich betete, errang ich den Hohlraum der Seele – und dieser Hohlraum ist alles, was ich je erlangen kann. Mehr noch als das: Nichts. Aber Leere hat den gleichen Wert wie Fülle und ähnelt ihr. Ein Mittel, zu erhalten, ist, nicht zu suchen, ein Mittel, zu haben, ist, nicht zu bitten und nur zu glauben, daß die Stille, die ich in mir vermute, die Antwort ist auf mein – auf mein Geheimnis.

CLARICE LISPECTOR

Über die Erinnerung

Ich kenne dreierlei Erinnerungen: diejenigen, die zu vergessen wir uns bemühen, jene, die wir behutsam auffangen, vorsichtig nach allen Seiten wenden, um jeden leuchtenden Aspekt erneut wahrzunehmen, bevor wir sie sorgsam verwahren, und letztlich die Erinnerungen, welche einen so lebendigen Platz in unserem Dasein beanspruchen, daß sie sich kaum von der Gegenwart trennen lassen.

YEHUDI MENUHIN

Indianische Stille

Erziehung zur Stille, zum Schweigen, begann schon sehr früh. Wir lehrten unsere Kinder, still zu sitzen und Freude daran zu haben. Wir lehrten sie, ihre Sinne zu gebrauchen, die verschiedenen Gerüche aufzunehmen, zu schauen, wenn es allem Anschein nach nichts zu sehen gab, und aufmerksam zu horchen, wenn alles ganz ruhig schien. Ein Kind, das nicht still sitzen kann, ist in seiner Entwicklung begrenzt.

Übertriebenes, auffälliges Benehmen lehnten wir als unaufrichtig ab, und ein Mensch, der pausenlos redete, galt als ungesittet und gedankenlos. Ein Gespräch wurde nie übereilt begonnen und hastig geführt. Niemand stellte vorschnell eine Frage, mochte sie auch noch so wichtig sein, und niemand wurde zu einer Antwort gezwungen. Die wahrhaft höfliche Art und Weise, ein Gespräch zu beginnen, war eine Zeit gemeinsamen stillen Nachdenkens; und auch während des Gesprächs achteten wir jede Pause, in der der Partner überlegte und nachdachte. Für die Dakota-Indianer war das Schweigen bedeutungsvoll. In Unglück und Leid, wenn Krankheit und Tod unser Leben überschatteten, war Schweigen ein Zeichen von Ehrfurcht und Respekt; ebenso, wenn uns Großes und Bewundernswertes in seinen Bann schlug. Für die Dakota war das Schweigen von größerer Kraft als das Wort.

STANDING BEAR

Von der Tugend, die das Laster verjagt

Wo Liebe ist und Weisheit,
da ist nicht Furcht noch Unwissenheit.

Wo Geduld ist und Demut,
da ist nicht Zorn noch Verwirrung.

Wo Armut ist mit Fröhlichkeit,
da ist nicht Habsucht noch Geiz.

Wo Ruhe ist und Betrachtung,
da ist nicht Aufregung und unsteter Geist.

Wo die Furcht des Herrn ist, sein Haus zu bewachen,
da kann der Feind keinen Ort zum Eindringen finden.

Wo Erbarmen ist und Unterscheidungskraft,
da ist nicht Übermaß noch Verhärtung.

FRANZ VON ASSISI

Make me strong, keep me weak

Ein Lied aus der amerikanischen Frauenbewegung, eine Art Gebet, sagt: »Mach mich stark, halt mich schwach, Mutter Göttin, make me strong, keep me weak.« Dieser Text ist nicht einfach eine Bitte um Stärke, um das große Auch, sondern eine Bitte um das große Anders, um das Schwach-bleiben-Wollen. Das bedeutet, ich will gar nicht als Frau, als Feministin ein Mann werden, ich will nicht die Vorzüge, die Privilegien, die Blindheiten, die Karriere, die ein Mann hat. All das ist gar nicht mein Interesse. Das Ziel der Frauenbewegung ist nicht, Vizepräsident von General Motors zu werden, wie das eine Amerikanerin einmal sehr gut formuliert hat, sondern das *System*, in dem General Motors Vizepräsidenten und Präsidenten hat, zu ändern, so daß wir solche Leute vielleicht gar nicht mehr brauchen.

DOROTHEE SÖLLE

Gebet

Es wohnen drei in meinem Haus –
Das Ich, das Mich, das Mein.
Und will von draußen wer herein,
So stoßen Ich und Mich und Mein
Ihn grob zur Tür hinaus.

Stockfinster ist es in dem Haus,
Trüb flackert Kerzenschein.
– Herr: laß dein Sonnenlicht herein!
Dann geht dem Ich, dem Mich, dem Mein
Das fahle Flämmchen aus.

MASCHA KALÉKO

Liebe und die anderen

Liebe ist nicht in erster Linie eine Bindung an eine bestimmte Person. Sie ist eine *Haltung*, eine *Charakter-Orientierung*, welche die Bezogenheit eines Menschen zur Welt als Ganzem und nicht nur zu einem einzigen »Objekt« der Liebe bestimmt. Wenn jemand nur eine einzige andere Person liebt und ihm alle übrigen Mitmenschen gleichgültig sind, dann handelt es sich bei seiner Liebe nicht um Liebe, sondern um eine symbiotische Bindung oder um einen erweiterten Egoismus. Trotzdem glauben die meisten Menschen, Liebe komme erst durch ein Objekt zustande und nicht aufgrund einer Fähigkeit. Sie bilden sich tatsächlich ein, es sei ein Beweis für die Intensität ihrer Liebe, wenn sie außer der »geliebten« Person niemanden lieben.

ERICH FROMM

Möglichkeit eindeutiger Erkenntnis

Des Herzens Wirkung ist umfassend – es wählt selbst und läßt sich nichts verbieten; wenn wir selbst wahrnehmen: dann erfaßt es die Dinge auch in ihrer Vielgestaltigkeit, und zwar auch tiefgründig. Sein Empfinden erreicht sein Ziel, und es hat nicht zwei Stimmen.

KONFUZIUS

Wirkung des schiefen Urteilens

Wird das Herz von einem Ding, auch wenn es nur ein kleines ist, entführt, so wird seine Ausrichtung nach dem Geraden dadurch von außen abgewandelt: dadurch urteilt es auch im Innern schief, und sein Vermögen ist nicht mehr ausreichend, auch nur über die einfachsten, gröbsten Ordnungen zu entscheiden.

KONFUZIUS

Wenn du das Lachen nicht lernst

Fürchte dich nicht zu lachen.
Schiele nicht: wird man's verstehn?
Menschlicher macht es dich bloß;
und wer dich kleiner gesehn,
sieht dich dadurch wieder groß.

Lache mit über dich selbst.
So nimmst du dem Stachel das Gift,
das dir dein Gegner beschert;
denn jeder Stich, der nicht trifft,
gegen ihn selber sich kehrt.

Schäme dich nicht zu lachen.
Glaub nicht, daß tierischer Ernst
würdig dich nicht macht, dich erhebt.
Wenn du das Lachen nicht lernst,
hast du nur kläglich gelebt.

HEDDA ZINNER

Vom Verzeihen

Was das Verzeihen innerhalb des Bereichs menschlicher Angelegenheiten vermag, hat wohl Jesus von Nazareth zuerst gesehen und entdeckt. Daß diese Entdeckung in einem religiösen Zusammenhang gemacht und ausgesprochen ist, ist noch kein Grund, sie nicht auch in einem durchaus diesseitigen Sinne so ernst zu nehmen, wie sie es verdient.

Jesus vertritt gegen die »Schriftgelehrten und Pharisäer« die Ansicht, daß nicht nur Gott die Macht habe, Sünden zu vergeben, ja daß diese Fähigkeit unter den Menschen noch einmal auf die göttliche Barmherzigkeit zurückzuführen sei – als vergeben nicht die Menschen einander, sondern Gott den Menschen, indem er sich eines menschlichen Mediums bedient –, sondern umgekehrt von den Menschen in ihrem Miteinander mobilisiert werden muß, damit dann auch Gott ihnen verzeihen könne. Jesus spricht sich in dieser Hinsicht mit aller Schärfe und Deutlichkeit aus. Nach dem Evangelium soll der Mensch nicht vergeben, weil Gott vergibt und er gleicherweise handeln müsse, sondern umgekehrt: Gott vergibt »uns unsere Schuld, wie wir vergeben unseren Schuldigern«.

HANNAH ARENDT

Über die Rache

Was die Verfehlungen und somit das vergangene Gehandelte betrifft, so ist der natürliche Gegensatz der Verzeihung die Rache, welche in der Form der Re-aktion handelt und daher an die ursprüngliche, verfehlende Handlung gebunden bleibt, um im Verlauf des eigenen reagierenden Tuns die Kettenreaktion, die ohnehin jedem Handeln potentiell innewohnt, ausdrücklich virulent zu machen und in eine Zukunft zu treiben, in der alle Beteiligten, gleichsam an die Kette einer einzigen Tat gelegt, nur noch re-agieren, aber nicht mehr agieren können. Im Unterschied zur Rache, die sich als eine natürlich-automatische Reaktion gegen Verfehlungen jeder Art einstellt und die auf Grund der Unwiderruflichkeit der Prozesse des Handelns berechenbar ist, stellt der Akt des Verzeihens in seiner Weise einen neuen Anfang dar und bleibt als solcher unberechenbar. Verzeihen ist die einzige Reaktion, auf die man nicht gefaßt sein kann, die unerwartet ist und die daher, wiewohl ein Reagieren, selber ein dem ursprünglichen Handeln ebenbürtiges Tun ist. Weil das Verzeihen ein Handeln eigener und eigenständiger Art ist, das zwar von einem Vergangenen provoziert, aber von ihm nicht bedingt ist, kann es von den Folgen dieser Vergangenheit sowohl denjenigen befreien, der verzeiht, wie den, dem verziehen wird.

Hannah Arendt

Liebe Deine Feinde

Das Geheimnis der Stärke Christi lag in seiner Liebe für alle, selbst für seine Feinde. Viel besser eroberst Du das Herz eines Menschen, der haßt, mit Deiner Liebe als mit rachsüchtiger Kraft. Dem gewöhnlichen Menschen scheint eine solche Haltung absurd. Denn sein erster Impuls wäre es, zwei Schläge zurückzugeben für einen, den er bekommen hat, und noch einen Tritt folgen zu lassen.

Warum solltest Du Deine Feinde lieben? Weil Du die heilwirksamen Strahlen der Liebe in sein dunkles, haßgeschlagenes Herz senden kannst. Wenn so Freundschaft entsteht, kann aus ihr die reine, goldene Liebe werden. Auch kann die Flamme Deiner Liebe die Anteile von Haß und Elend hinwegbrennen, die Deine Seele von anderen Seelen trennt und die alle unerleuchteten Seelen trennt vom unermeßlichen Meer unendlicher Liebe.

PARAMAHANSA YOGANANDA

Glauben ist Nicht-Zwei

Glauben ist Nicht-Zwei.
Nicht-Zwei ist Glauben dessen,
Das unaussagbar ist.
Vergangenheit und Zukunft,
Sind sie nicht
Ein ewiges Jetzt?

SÔSAN

Wo dieses Nichtdenken herrscht

Wo dieses Nichtdenken herrscht,
Sind unermeßlich
Die Sinne und das Gefühl.
Weder das eigene Selbst noch ein anderes
Findest du je im Reiche der soseienden Wahrheit.
Wenn du plötzlich und ohne langes Besinnen
Sie passend ausdrücken müßtest,
Würdest du wohl sagen:
Nicht-Zwei ist sie.
Wenn es aber keine Zwei mehr gibt,
So ist alles das Eine und Selbe.
Alles umfaßt es. Es kommen
Die Weisen aus aller Welt
Und huldigen ihm.
Die Eine Wahrheit kann man
Weder erweitern noch einengen.
Ein Augenblick ist
Wie Zehntausend Jahre
Sein und Nichtsein,
Die ganze Welt eröffnet sich
Grenzenlos dem Auge.

SÔSAN

Willst Du geliebt werden?

Willst Du geliebt werden?
Dann liebe, und sei liebenswert!

BENJAMIN FRANKLIN

Nicht immer bekommen wir das,
was gut für uns ist.

ELEANOR ROOSEVELT

Wir bekommen nicht das,
was wir wollen,
sondern das, was wir brauchen.

ELISABETH KÜBLER-ROSS

IV.

Vom Wissen

Das Schicksal

Die Zahl Vier gilt als Symbol der irdischen Realität, der Materie und des Körpers. Die Vier ist Vermittlerin zwischen Außen und Innen, zwischen Oben und Unten, zwischen Vergangenheit und Zukunft. Erscheinungen und Gesetze der Natur, die das leibseelische Gleichgewicht mitbestimmen, treten oft in der Vierheit auf:

Vier Himmelsrichtungen
Osten – Süden – Westen – Norden

Vier Bewegungsrichtungen
Vorne – Rechts – Hinten – Links

Vier Elemente
Luft – Feuer – Wasser – Erde

Vier Temperamente
Sanguiniker – Choleriker – Phlegmatiker – Melancholiker

Vier Jahreszeiten
Frühling – Sommer – Herbst – Winter

Die schwarze Hand

Das Verhüllen des Geistes in der Materie ist oft so dicht, daß es im allgemeinen wenig Menschen gibt, die den Geist hindurchsehen können. Es gibt sogar viele Menschen, die in einer geistigen Form den Geist nicht sehen können. So sehen gerade heute viele den Geist in der Religion, in der Kunst nicht. Es gibt ganze Epochen, die den Geist ableugnen, da die Augen der Menschen im allgemeinen zu solchen Zeiten den Geist nicht sehen können. So war es im 19. Jahrhundert, und so ist es im großen und ganzen noch heute.

Die Menschen werden verblendet.

Eine schwarze Hand legt sich auf ihre Augen. Die schwarze Hand gehört dem Hassenden. Der Hassende versucht durch alle Mittel der Evolution, die Erhöhung zu bremsen.

Das ist das Negative, das Zerstörende. Das ist das Böse. *Die schwarze todbringende* Hand.

WASSILY KANDINSKY

Vom Wachsen

Die Evolution, die Bewegung nach vor- und aufwärts, ist nur dann möglich, wenn die Bahn frei ist, das heißt, wenn keine Schranken im Wege stehen. Das ist die *äußere Bedingung*.

Die Kraft, die auf der freien Bahn den menschlichen Geist nach vor- und aufwärts bewegt, ist der abstrakte Geist. Er muß natürlich herausklingen und gehört werden. Der Ruf muß möglich sein. *Das ist die innere Bedingung*.

Diese beiden Bedingungen zu vernichten, ist das Mittel der schwarzen Hand gegen die Evolution.

Die Werkzeuge dazu sind: die Angst vor der freien Bahn, vor der Freiheit (Banausentum) und die Taubheit gegen den Geist (stumpfer Materialismus).

Deshalb wird jeder neue Wert von den Menschen feindlich betrachtet. Man sucht ihn zu bekämpfen durch Spott und Verleumdung. Der den Wert bringende Mensch wird als lächerlich und unehrlich dargestellt. Es wird über den neuen Wert gelacht und geschimpft.

Das ist der Schreck des Lebens.

Die Freude des Lebens ist der unaufhaltsame, ständige Sieg des neuen Wertes.

Dieser Sieg geht langsam vor sich. Der neue Wert erobert ganz allmählich die Menschen.

WASSILY KANDINSKY

Menschwerdung

Wir sollten verstehen lernen, den Geist der Erde in uns nicht zu ersticken. Wer Teil dieses Geistes sein will, muß sterben und wiedergeboren werden, für andere und für sich selbst. Um zu dieser höheren Ebene der Menschheit zu gelangen, muß er sein Wertsystem und sein Handeln vollständig transformieren.

TEILHARD DE CHARDIN

Wissen

Gott hat mir das Wissen gegeben.
Nicht ich, der ich der Ich bin,
weiß es,
sondern Gott weiß es in mir.

JAKOB BÖHME

Frau

Wir fangen an zu sehen, daß Kümmernisse und Verwirrungen unseres Lebens nur die natürlichen Folgen natürlicher Ursachen sind und daß wir, sobald wir die Ursachen herausgefunden haben, eine Menge zu ihrer Beseitigung tun können.

CHARLOTTE PERKINS GILMAN

Vom Tod des falschen Ich

Wenn der Mensch in der Übung der inneren Einkehr steht, hat das menschliche Ich für sich selbst nichts. Das Ich hätte gerne etwas, und es wüßte gerne etwas, und es wollte gerne etwas. Bis dieses dreifache »etwas« in ihm stirbt, kommt es den Menschen gar sauer an. Das geht nicht an einem Tag und auch nicht in kurzer Zeit. Sondern man muß sich hineinzwängen und sich daran gewöhnen mit emsigem Fleiß. Man muß dabei aushalten, dann wird es zuletzt leicht und lustvoll.

JOHANNES TAULER

Bestimmt das Bewußtsein das Sein?

Wenn die Menschen auch unglückliche Kreaturen sind, weil sie den Tod bewußt gemacht haben, so können sie doch noch einen Schritt weiter gehen und durch Transzendenz des Ich auch den Tod transzendieren. Sich vom Unbewußten zum Ich-Bewußtsein zu bewegen, das heißt, den Tod bewußt zu machen; sich vom Ich-Bewußtsein zum Überbewußtsein zu bewegen, heißt, den Tod ungültig zu machen.

KEN WILBER

Fluchtwege in neue Beziehungen

Wenn jeder Partner etwas entbehrt und jeder die Bedürfnisse des anderen mißversteht, so droht leicht die Gefahr der Entfremdung oder die Flucht in späte Liebeleien. Man ist dann der Versuchung ausgesetzt, dem anderen die Schuld zu geben und sich der angenehmen Täuschung zu überlassen, ein neuer und verständnisvollerer Partner könne alle Schwierigkeiten lösen.

Aber weder Frau noch Mann werden in einer neuen Beziehung, die unkomplizierter zu sein scheint, weil sie noch im Anfangsstadium ist, Erfüllung finden. Eine derartige Liebesbeziehung kann das Gefühl der Identität nicht wirklich zurückbringen. Gewiß, man unterliegt der Täuschung, man werde um seiner selbst willen geliebt und nicht als ein Sammelbegriff verschiedener Funktionen. Aber können wir uns wirklich in jemand anderem wiederfinden? In der Liebe eines anderen? Oder auch nur in dem Spiegel, den uns ein anderer vorhält? Ich glaube, unser wirkliches Ich finden wir nur, indem wir »unsere eigene Tiefe ausloten und uns selbst kennenlernen«, wie Meister Eckehart einmal gesagt hat. Wir finden es in einer schöpferischen Tätigkeit, die ihren Ursprung in uns hat. Wir finden es, paradoxerweise, wenn wir uns selbst verlieren. Um das Leben zu gewinnen, müssen wir es verlieren.

Anne Morrow Lindbergh

Selige Sehnsucht

Sagt es niemand, nur den Weisen,
Weil die Menge gleich verhöhnet,
Das Lebendge will ich preisen,
Das nach Flammentod sich sehnet.

In der Liebesnächte Kühlung,
Die dich zeugte, wo du zeugtest,
Überfällt dich fremde Fühlung,
Wenn die stille Kerze leuchtet.

Nicht mehr bleibest du umfangen
In der Finsternis Beschattung,
Und dich reißet neu Verlangen
Auf zu höherer Begattung.

Keine Ferne macht dich schwierig,
Kommst geflogen und gebannt,
Und zuletzt, des Lichts begierig,
Bist du, Schmetterling, verbrannt.

Und so lang du das nicht hast,
Dieses: Stirb und werde!
Bist du nur ein trüber Gast
Auf der dunklen Erde.

Johann Wolfgang von Goethe

Noch mehr vom »Stirb-und-Werde«

Nichts ist schöpferischer als der Tod; denn er ist das ganze Geheimnis des Lebens.

Er bedeutet, daß die Vergangenheit abgestreift werden muß, daß man dem Unbekannten nicht entgehen kann und daß nichts endgültig festgelegt werden kann. Wenn ein Mensch dies weiß, lebt er zum ersten Mal in seinem Leben. Wenn er seinen Atem anhält, verliert er ihn, wenn er ihn verströmen läßt, findet er ihn.

Alan W. Watts

Der geheime Tod

Tod ist ein selig Ding; je kräftiger er ist,
Je herrlicher daraus das Leben wird erkiest.

ANGELUS SILESIUS

Es ist kein Tod

Ich glaube keinen Tod: sterb ich gleich alle Stunden,
So hab ich jedesmal ein besser Leben gefunden.

ANGELUS SILESIUS

Offenbarung vor Nikodemus

Nikodemus fragte ihn: »Wie kann ein Mensch geboren werden, der alt ist? Kann er noch einmal in den Schoß seiner Mutter eingehen und geboren werden?«

Jesus antwortete: »Wahrlich, wahrlich, ich sage dir: Wenn einer nicht geboren wird aus Wasser und Geist, kann er nicht eingehen in das Reich Gottes. Was geboren ist aus dem Fleisch, ist Fleisch, und was geboren ist aus dem Geist, ist Geist. Wundere dich nicht, daß ich dir sagte: Ihr müßt geboren werden von oben. Der Wind weht, wo er will; du hörst sein Brausen; du weißt aber nicht, woher er kommt und wohin er geht. So ist es mit jedem, der geboren ist aus dem Geist.

AUS DEM
EVANGELIUM NACH JOHANNES 3,3

Im Namen der Rose

Ex deo nascimur,
In Jesu mortimur,
Per spiritum reviviscimus.

Aus Gott sind wir geboren,
In Jesu sterben wir,
Durch den Geist werden wir wiedergeboren.

CHRISTIANI ROSENKREUZ

Bereitschaft zum Tode

Es gibt Menschen, in deren Umkreis kein Streit ist. Warum? Weil ihr Leben nicht mehr um die Sicherheit und Lust ihres Ichs kreist, sondern um ein höheres Prinzip. Dieses Höhere ist nicht schon die Kunst, die Wissenschaft oder der Staat. Auch ichlos ihrer Kunst, ihrer Wissenschaft oder ihrem Amte dienende Menschen können außerhalb ihres Dienstes unerträgliche, streitsüchtige und dissoziierende Menschen sein, eigensüchtig und ichhaft. Menschen, in deren Umkreis die Wogen sich glätten und, ganz ohne ihr Zutun, verbindende Kräfte aufblühen, dienen, ob sie sich nur ihrem engsten Lebenskreis widmen oder höheren Zielen nachstreben, im Grunde einem ganz anderen Leben…

Ihr kleines Leben ist ihnen in jeder Form immer nur Weg in ein größeres Leben. Auf diesem Wege haben sie die Schmerzscheu verloren, und der vom Menschen immer aufs neue verlangte Tod des kleinen Ichs hat, wie der leibhaftige Tod, der einmal unseren Erdenwandel beendet, für sie seinen Stachel verloren. Erst diese *Bereitschaft zum Tode* ist der Boden, auf dem sich das *wahre Leben* entfaltet. Das Leben, in dessen Zeichen die Menschen sich von *Ich zu Ich verkennen* und hassen, hört auf, und das Leben, in dem sie sich von *Wesen zu Wesen erkennen* und lieben, hebt an.

Karlfried Graf Dürckheim

Was der Engel sagt

Empfange das Leiden als einen Boten
des Himmels,
doch laß ihn weiterziehen,
wenn er scheiden will.

Wer eilt, nähert sich dem Tod
von vorne.
Wer säumt, nähert sich dem Tod
von hinten.
Zwischen den beiden ist das ewige Sein.

GESPRÄCH MIT DEM ENGEL
AUFGEZEICHNET VON
GITTA MALLASZ

Vom Sehen

Der Grund der Schöpfung dieser Welt ist dem inneren Menschen in Gottes Willen viel leichter zu erkennen als dem äußeren das sichtbare Wesen. Der äußere erkennt das weniger, das er mit Augen siehet und mit Händen greifet, mit der Nasen riecht und mit dem Munde schmecket, als der innere den Grund und das Herkommen des äußeren. Der innere siehet wohl das Geschöpfe in seinem Grunde, aber er ist im Äußeren wie tot. Und da er doch lebet und was er dem Äußeren lebet, da lebet er Gotte um seiner Wundertat willen, daß er da eröffnet und ins Wesen bringet, was in der Figur im Verborgenen stehet.

JAKOB BÖHME

Weigerung

Weh dem Menschen,
der nicht leiden kann und will;
er wird von Schmerzen zermalmt werden.

Wer nicht gehen will,
wird erbarmungslos von der Natur mitgezogen.

Wir werden mitten ins Leben wie ins Meer geworfen;
wir müssen schwimmen oder umkommen.

ELIPHAS LEVI

Das Sehen von Innen

Das unsterbliche Leben hat allerdings kein nebelhaftes Licht wie etwa das geschaffene Auge, das während einer bemessenen Zeit sieht, weil ja wiederum die Finsternis an es herankommt. Und das erleidet der Mensch, weil sein Auge mit einer nebelartigen Haut überzogen ist. Und der Augenstern offenbart das Schauen der inneren Augen, das dem Fleische unbekannt ist. Das Augenlid aber weist auf das Sehen des Fleisches hin, das nach außen hin sich ergießt. Auf zwei Arten des Wissens also vollendet sich jedes Werk des Menschen. Nämlich das Wissen der inneren Schau lehrt den Menschen die göttlichen Dinge, das aber wehrt das Fleisch ab. Das verblendete Wissen aber bewirkt die nachtartigen Werke gemäß der Sicht der Schlange, die das Licht nicht sieht. Daher wendet sie von den Werken des Lichts auch alle ab, die sie kann.

HILDEGARD VON BINGEN

Vom reduzierenden Blick

Wenn man mit den Erscheinungen in Harmonie lebt,
kann man der Wirklichkeit
– oder zumindest dem, was man von ihr wissen kann –
nicht fern sein.
Euer Irrtum liegt in dem Verlangen,
die Welt auf Euer Maß zurückzuführen,
während Ihr doch durch Erweiterung Eurer Kenntnis
der Dinge Eure Selbsterkenntnis erweitern würdet.

CLAUDE MONET

Weisheit und Wissen

Weisheit und Wissen sind zwei grundverschiedene Dinge. Wissen ist gehäufte Erfahrung; es ist der Fortbestand jener Erfahrung, die sich als Erinnerung niedergeschlagen hat. Die Erinnerung kann gepflegt,. gekräftigt, gefordert und zurechtgestutzt werden. Sollte also die Weisheit wirklich nur angewandte und erweiterte Erinnerung sein? Kann denn Weisheit etwas sein, das Dauer besitzt? Wir haben doch den gehäuften Wissensschatz von Jahrtausenden zur Verfügung, aber macht uns dieser Reichtum etwa weise, glücklich oder schöpferisch? Hat Wissen schon einen einzigen Menschen glückselig gemacht? Wissen ist gehäufte Erfahrung, aber es ist kein Erleben, es verhindert im Gegenteil alles Erleben.

JIDDU KRISHNAMURTI

Wissen ist wie ein toter Körper

Wissen ist wie ein toter Körper. Zum Leben gelangt es allein in jenem Prozeß, in welchem es von menschlichen Wesen erworben, »gewußt« und zur Anwendung gebracht wird. Diesem Prozeß haben wir bisher zu wenig Aufmerksamkeit geschenkt. *Wie* wir Wissen erwerben, *welche* Art Wissen wir erwerben, wie wir Wissen tradieren und unterschiedliche Wissens*formen* miteinander *kombinieren* – dies sind (über)lebenswichtige Fragen in einer Epoche, in welcher, wie nie zuvor in der Geschichte, der Berg des *erfahrungsfreien* Wissens mit wahrlich atemberaubender Geschwindigkeit zum Himmel wächst. Historisch neu und in ihren Konsequenzen noch gar nicht bedacht ist die Tatsache, daß die absolute Mehrzahl der Menschen in diesem Jahrhundert in einer Welt lebt, die, über das Gesamte ihrer Lebensäußerungen hinweg, ganz überwiegend vom »neuen« Typus des Wissens bestimmt wird: von einem Wissen *ohne* Erfahrung.

BERND GUGGENBERGER

Ordnung im Chaos

Am Anfang war das Wort. Nichts existiert außer in Worten, durch Worte! – kein Ding, nichts, das nicht zuerst geatmet wird.

Das Leben ist Organisation, das Leben ist befristet, komplex, es besteht aus Wechselwirkungen, die wir beobachten, aber nicht erklären können. Es gibt immer eine bestimmte Richtung – immer einen Plan. Er besteht auf seiner eignen Erfüllung. Es ist der Sieg der Organisation auf molekularer Ebene über die Neigung zum Chaos. Aber er soll nicht begriffen werden, nicht einmal von seinen gewissenhaftesten, exaktesten Beobachtern.

JOYCE CAROL OATES

Vom Wissen

Wer nichts weiß, liebt nichts.
Wer nichts tun kann, versteht nichts.
Wer nichts versteht, ist nichts wert.
Aber wer versteht,
der liebt, bemerkt und sieht auch...
Je mehr Erkenntnis einem Ding innewohnt,
desto größer ist die Liebe...
Wer meint, alle Früchte
würden gleichzeitig mit den Erdbeeren reif,
versteht nichts von den Trauben.

Paracelsus

Wissen der Seele

Es gibt ein Wissen, welches aus der Kunst des Lichtes der Natur hervorgeht und nicht aus der Spekulation kommt, in der nie ein solches Wissen gewesen ist.

Darum sollten wir die Kunst in dem Sinne auffassen, daß es für sie keinen anderen Grund gibt, als daß man sie allein mit dem Lichte suche, das wir an der Natur selbst besitzen, und in diesem Lichte bleiben alle Dinge in der Finsternis, in der gar nichts zu suchen ist.

PARACELSUS

Man sollte sich immer mit dem Universum selbst identifizieren. Alles, was weniger als das Universum ist, ist Leiden unterworfen.

SIMONE WEIL

Das Auge hat sein Dasein dem Lichte zu danken. Aus gleichgültigen tierischen Hilfsorganen ruft sich das Licht ein Organ hervor, das seinsgleichen werde; und so bildet sich das Auge am Licht fürs Licht, damit das innere Licht dem äußeren entgegentrete.

JOHANN WOLFGANG VON GOETHE

Sophia, die Weisheit, spricht zum Erkennenden

»O mein Bräutigam, wie ist mir so wohl in deiner Ehe. Küsse mich doch mit deiner Begierde, in deiner Stärke und Macht, so will ich dir all meine Schätze zeigen, und dich mit meiner süßen Liebe erfreuen. Alle heiligen Engel erfreuen sich jetzt mit uns, daß sie uns wieder in der Ehe sehen. Nun mein lieber Buhle, bleib doch in meiner Treue, und wende dein Angesicht nicht mehr von mir, wirke du in meiner Liebe deine Wunder, dazu dich Gott erwecket hat.«

JAKOB BÖHME

Die geschaffene Sophia ist ein geistiges Wesen, das durch die Betrachtung des Lichtes Licht ist.

AUGUSTINUS

Bei dir ist die Weisheit

Bei dir ist die Weisheit,
die deine Werke kennt
und dabei war,
als du die Welt erschufst,
und weiß,
was wohlgefällig ist
in deinen Augen
und was recht ist
nach deinen Geboten.

Sende sie aus dem heiligen Himmel,
und vom Thron deiner Herrlichkeit
schicke sie, damit sie die Aufgabe
übernehme, mir beizustehen,
und ich erkenne,
was dir wohlgefällig ist.

Denn sie ist es,
die alles weiß und versteht,
und sie wird mich
bei meinen Handlungen besonnen leiten
und des Thrones meines Vaters würdig sein.

BUCH DER WEISHEIT, 9,9–11
DAS ALTE TESTAMENT

Chokma, die hebräische Weisheit, spricht

Ich sitze beim Throne des Königs
in himmlischen Höhen und herrsche mit IHM.
Ich kenne den Anfang, das Wesen und Ziel allen Seins,
den Lauf der Gezeiten,
die Vollendung des Werdens.
Ich baue die Gesetze des Lebens und aller Natur,
die Heilkraft der Pflanzen und Dinge,
die kosmische Paarheit der Wesen.
Ich bin mit dem Logos das himmlische, einige Paar,
woraus Schöpfungen leben
und wachsen und schön sind und selig.
Von all diesen Wundern da
bin ich die Seele, die Anima,
Sinn und Vollendung.
Das Herz und die Uridee aller Geschöpfe,
Ursprung und Zentrum
der Schöpfung und all ihrer Schönheit und Einheit.
Urentelechie der gesamten so
herrlichen Schöpfung, sie selbst in Person,
die universal personale Natur und Allmutter der Welten.
Die Form und Struktur des kleinsten Atomes,
des großen erhabenen Kosmos,
ja all seine Schönheit und Fülle
der Arten und Gattungen
ist ein Gedanke von mir:
eine Laune, ein Lächeln,
ein Anflug von Witz und Humor,
eine Probe vortrefflicher Kunst
und Ausdruck spontaner, erquickender Freude
und schenkender Gunst.

CHOKMA

Bei mir ist Rat

Ich, die Weisheit, weile
bei der Klugheit,
und Erkenntnis kluger Pläne
finde ich.

Ich liebe alle,
die mich lieben,
und die mich suchen,
finden mich.

Mein Nutzen übertrifft
das feinste Gold
und mein Ertrag
das auserlesne Silber.

SPRÜCHE, 8,12
DAS ALTE TESTAMENT

DAOMU: *Weisheit und nährende Mutter*

O DAOMU, Du Mutter der Tugend und Kraft,
Deine Güte, Geduld, Dein Nützen und Helfen
hat viele Symbole, die mehr uns bedeuten
als Worte und Namen:
die Vogelmutter, die Kuh und das Wasser,
der Baum und die Wurzel,
das Tal und das Tor der Weisen und Heiligen.
Die Zehntausend Wesen gebärst und ernährst Du,
gestaltend vollendest Du sie.
Du läßt Deine Kinder im Tod nicht für immer verenden.
Du kleidest mit Ewigkeit sie als die Erben
des ewigen Lebens von Dir.
Die Führerin bist Du zum ewigen Leben
und Schauen in seliger Ruhe bei Dir.

O DAOMU, Du bist immer willig zu helfen den Menschen,
Bist gut im Beschenken und gut im Vollenden.
Und heil machst Du alles, was siech und erkrankt.
Was bedrückt und verzagt, das richtest Du auf.
Wirst eins mit all denen, die führen sich lassen von Dir.
Du rettest die Sünder, verstoßest ja keinen,
der willig zu Dir sich bekehrt.
Vom Suchenden läßt Du Dich finden,
Bist gut zu den Guten, auch gut zu den Bösen,
Du spendest den Edlen und freust Dich gar sehr.

DAO-DE-JING

DAO: *Des Himmels und der Erde Urgrund*

DAO erzeugt sie,
ihre Tugend,
nährt sie,
zieht sie auf,
vollendet sie,
macht sie reif,
pflegt sie,
schirmt sie.

Wessen Tun mit DAO übereinstimmt,
wird eins mit DAO.

Wer eins wird mit DAO,
auch DAO freut sich,
ihn zu bekommen.

Wer der Tugend Fülle
in sich hat,
gleicht dem neugeborenen Kinde.

DAO-DE-JING

Gebet

O Gott, um vom Wunder der göttlichen Sophia allhier etwas zu sagen, gib mir, o Vater, nach Deiner Verheißung den Geist der Weisheit!

Und denen, die es lesen, eben denselbigen Geist des Glaubens, welchen Du mir gegeben hast, daß ich glaube und darum auch rede...

Siehe, Herr, was Du mich selbst wirklich im Geiste hast sehen und mit den Ohren meines Herzens hören, ja wesentlich in mir hast fühlen und betasten lassen, das läßt Du mich andern verkünden, auf daß auch sie Gemeinschaft haben an diesem großen Geheimnis...

Zumal die Zeit gekommen ist, daß viele Menschen zu dem gebracht und vorbereitet werden sollen, was so lange verborgen und von Bauleuten als nichtiger Stein verworfen gewesen ist.

Darum laß mich, o Gott und Vater, verkündigen, was Weisheit wirklich ist und wie sie entstanden.

GOTTFRIED ARNOLD

Kraft der Weisheit

O Kraft der Weisheit, umkreisend die Bahn,
die eine des Lebens,
ziehst um das All du die Kreise,
alles umfangend!

Drei Flügel hast du:
In die Höhe empor schwingt der eine,
auf der Erde müht sich der zweite,
und allüberall schwingt der dritte.
Lob sei dir, Weisheit, würdig des Lobes!

HILDEGARD VON BINGEN

V.

Vom Verantworten

Humanitas

Die Zahl Fünf bezeichnet die quinta essentia, das fünfte Seiende. In der Entwicklung des körperlich/geistigen Gleichgewichts symbolisiert die Fünf die Menschwerdung. Die gegebene Realität der Vier ist transformiert und wird im aktiven Leben nach außen verwirklicht.

Fünf ist auch die Zahl der Kommunikation zwischen Innen und Außen. Fünf Finger an jeder Hand zeigen das Gesetz der Fünfheit im Geben und Nehmen. Die fünf Sinne, Sehen, Riechen, Hören, Schmecken und Tasten, weisen hin auf die zu erschaffende, kreatürliche Welt.

Fünf symbolisiert den Beginn des geistigen Wegs und seiner Verwirklichung im Sein. Humanitas bezeichnet die Mitverantwortung für die Schöpfung und den Dienst des einzelnen in der Welt.

Weisheit kommt aus Träumen

Jene, die das Land zerhacken oder Kaufverträge für Land unterzeichnen,
werden ihrer Rechte beraubt und Gottes Zorn spüren.
Meine jungen Männer werden niemals arbeiten.
Menschen die arbeiten, können nicht träumen,
und Weisheit kommt aus Träumen.
Ihr verlangt, daß ich die Erde pflügen soll.
Soll ich ein Messer nehmen und die Brust meiner Mutter zerfleischen?
Wenn ich dann sterbe, wird sie mich nicht an ihre Brust nehmen,
damit ich ruhen kann.
Ihr verlangt, daß ich nach Steinen graben soll.
Soll ich unter der Haut meiner Mutter nach Knochen graben?
Wenn ich dann sterbe, kann ich nicht in ihren Leib eindringen,
um neu geboren zu werden.
Ihr verlangt, daß ich Gras mähen und Heu machen soll, um es zu verkaufen,
um reich zu werden wie der weiße Mann.
Aber wie kann ich es wagen, meiner Mutter das Haar abzuschneiden?
Es ist ein schlechtes Gesetz, und mein Volk kann es nicht befolgen.
Ich wünsche, daß mein Volk hier mit mir bleibt.
Alle Toten werden wieder erwachen.
Ihre Geister werden ins Leben zurückkehren.

SMOHALLA
WANAPUM-SCHAMANE

Liebe für das Träumen

Kein Dummkopf und kein Fanatiker wird mir je die Liebe nehmen für alle, denen die Träume beschattet und beschnitten werden. Der Mensch wird noch alles und ganz werden. Die Sklaven werden die Herren erlösen.

ELIAS CANETTI

Mechanische Formeln sprechen mehr zu dem gemeinen Sinn; aber sie sind auch gemeiner und behalten immer etwas Rohes. Sie verwandeln das Lebendige in ein Totes; sie töten das innere Leben, um von außen ein unzulängliches heranzubringen.

JOHANN WOLFGANG VON GOETHE

Perspektiven: Weltraumfahrer bei der Betrachtung unseres Planeten Erde

»Du blickst durch die Weite einer halben Million Kilometer schwarzen Weltraums zurück auf den schönsten Stern am Firmament – die Erde. Du verfolgst, wie sie sich dreht, und siehst, daß sie nicht von Seilen gehalten wird, während sie sich in einer Finsternis bewegt, die nahezu unvorstellbar ist.«

EUGEN CERMAN, USA

»Die Schönheit der Erde ist unendlich zart und reich, eine wunderbare Harmonie strahlender und sanfter Farben.«

PATRICK BAUDRY, FRANKREICH

»Dieses schöne, warme, lebende Objekt sah so zerbrechlich, so zart aus.«

JAMES IRWIN, USA

»Am ersten Tag deutete jeder von uns auf sein Land. Am dritten Tag zeigte jeder auf seinen Kontinent. Ab dem fünften Tag sahen wir nur noch die Erde als den einen, ganzen Planeten.«

BEN SALMAN, USA

Strom des Lebens

Durch die Ehrfurcht vor dem Leben gelangen wir in ein geistiges Verhältnis zum Universum. Die Verinnerlichung, die wir durch sie erleben, verleiht uns den Willen und die Fähigkeit, eine geistige, ethische Kultur zu schaffen, durch die wir in einer höheren Weise als der bisherigen in der Welt daheim sind und in ihr wirken. Durch Ehrfurcht vor dem Leben werden wir andere Menschen.

Es kümmert mich nicht, ob man mich für eine Mystikerin hält, wenn ich meine Überzeugung zum Ausdruck bringe, daß die Schönheit der Natur einen notwendigen Platz in der geistigen Entwicklung jedes einzelnen und jeder Gesellschaft hat.

Wir müssen noch in dieser Generation mit der Natur ins reine kommen, wir sind wie nie zuvor herausgefordert, die Beherrschung, nicht der Natur, sondern unserer selbst zu beweisen.

RACHEL CARSON

Der Sonnengesang

Du höchster, mächtigster, guter Herr,
Dir sind die Lieder des Lobes, Ruhm und Ehre
und jeglicher Dank geweiht;
Dir nur gebühren sie, Höchster,
und keiner der Menschen ist würdig,
Dich nur zu nennen.

Gelobt seist Du, Herr,
mit allen Wesen, die Du geschaffen,
der edlen Herrin vor allem, Schwester Sonne,
die uns den Tag heraufführt und Licht
mit ihren Strahlen, die Schöne, spendet;
gar prächtig in mächtigem Glanze:
Dein Gleichnis ist sie, Erhabener.

Gelobt seist Du, Herr,
durch Bruder Mond und die Sterne.
Durch Dich sie funkeln am Himmelsbogen
und leuchten köstlich und schön.

Gelobt seist Du, Herr,
durch Bruder Wind
und Luft und Wolke und Wetter,
die sanft oder streng, nach Deinem Willen,
die Wesen leiten, die durch Dich sind.

Gelobt seist Du, Herr,
durch Schwester Quelle:
Wie ist sie nütze in ihrer Demut,
wie köstlich und keusch!

Gelobt seist Du, Herr,
durch Bruder Feuer,
durch den Du zur Nacht uns leuchtest.
Schön und freundlich ist er am wohligen Herde,
mächtig als lodernder Brand.

Gelobt seist Du, Herr,
durch unsere Schwester, die Mutter Erde,
die gütig und stark uns trägt
und mancherlei Frucht uns bietet
mit farbigen Blumen und Matten.

Gelobt seist Du, Herr, durch die,
so vergeben um Deiner Liebe willen
und Pein und Trübsal geduldig tragen.
Selig, die's überwinden im Frieden:
Du Höchster, wirst sie belohnen.

Gelobt seist Du, Herr,
durch unseren Bruder, den leiblichen Tod;
ihm kann kein lebender Mensch entrinnen.
Wehe denen, die sterben in schweren Sünden!
Selig, die er in Deinem heiligsten Willen
findet!
Denn sie versehrt nicht der zweite Tod.

Lobet und preiset den Herrn!
Danket und dient Ihm
in großer Demut!

Franz von Assisi

Über das Unwahre

Unwahrheit ist das eigentlich Böse, jeden Frieden Vernichtende: die Unwahrheit von der Verschleierung bis zur blinden Lässigkeit, von der Lüge bis zur inneren Verlogenheit, von der Gedankenlosigkeit bis zum doktrinären Wahrheitsfanatismus, von der Unwahrhaftigkeit des einzelnen bis zur Unwahrhaftigkeit des öffentlichen Zustandes.

Das letzte Wort bleibt: Die Voraussetzung des Friedens ist die Mitverantwortung eines jeden durch die Weise seines Lebens in Wahrheit und Freiheit. Die Frage des Friedens ist nicht zuerst eine Frage an die Welt, sondern für jeden an sich selbst.

KARL JASPERS

Geistige Güter

Es ist merkwürdig, wie geistige Güter von den Menschen so vollkommen anders gewertet werden als materielle.

Erobert zum Beispiel jemand seinem Vaterlande eine neue Kolonie, so jubelt ihm das ganze Volk entgegen. Man besinnt sich keinen Tag, die Kolonie in Besitz zu nehmen. Mit gleichem Jubel werden technische Errungenschaften begrüßt.

Kommt aber jemand auf den Gedanken, seinem Vaterlande ein neues reingeistiges Gut zu schenken, so weist man dieses fast jederzeit mit Zorn und Aufregung zurück, verdächtigt sein Geschenk und sucht es auf jede Weise aus der Welt zu schaffen; wäre es erlaubt, würde man den Geber noch heute für seine Gabe verbrennen.

Ist diese Tatsache nicht schauerlich?

FRANZ MARC

Ich weiß nicht, wie der liebe Gott einmal bei der großen Abrechnung mein Lebenswerk bewerten wird, ich habe in den letzten Wochen über 50 Partituren Parsifal geschrieben und 3 jungen Hunden das Leben gerettet – warten wir ab, was gewichtiger auf die Waagschale drücken wird.

RICHARD WAGNER

Der Platz, *auf den mich diese* Erde *setzte*

Zuweilen, *wenn ich meine Pflicht erfüllt habe*, erlaube ich mir, mit stiller Hoffnung an einen Gott zu denken, der mich sieht, und an eine frohe Ewigkeit, die meiner wartet; denn zu beiden fühle ich mich doch mit meinem Glauben hingezogen, den mein Herz mir ganz zusichert und mein Verstand mehr bestätigt, als widerspricht.
Aber dieser Glaube sei irrig, oder nicht – gleichviel! Es warte auf mich eine Zukunft, oder nicht – gleichviel! Ich erfülle für dieses Leben meine Pflicht, und wenn Du mich fragst: *warum*? so ist die Antwort leicht: eben *weil* es meine Pflicht ist.
Ich schränke mich daher mit meiner Tätigkeit ganz für dieses Erdenleben ein. Ich will mich nicht um meine Bestimmung nach dem Tode kümmern, aus Furcht, darüber meine Bestimmung für dieses Leben zu vernachlässigen. Ich fürchte nicht die Höllenstrafe der Zukunft, weil ich mein eigenes Gewissen fürchte, und rechne nicht auf einen Lohn jenseits des Grabes, weil ich ihn mir diesseits desselben schon erwerben kann.
Dabei bin ich überzeugt, gewiß in den großen ewigen Plan der Natur einzugreifen, wenn ich nur den Platz ganz erfülle, auf den sie mich in dieser Erde setzte. Nicht umsonst hat sie mir diesen *gegenwärtigen* Wirkungskreis angewiesen, und gesetzt, ich verträumte diesen und forschte dem *zukünftigen* nach – ist denn nicht die *Zukunft* eine *kommende Gegenwart*, und soll ich denn auch *diese* Gegenwart wieder verträumen?

HEINRICH VON KLEIST

Über die Arbeit

Vers 47
Es ist besser, die eigene Tätigkeit zu verrichten – selbst wenn du sie unvollkommen ausführst –, als die Tätigkeit eines anderen zu übernehmen, um sie vollendet auszuführen. Vorgeschriebene Pflichten, die mit der eigenen Natur übereinstimmen, werden niemals von sündhaften Reaktionen beeinflußt.

Vers 48
Jede Bemühung ist von einem Fehler überschattet, ebenso wie Feuer von Rauch verhüllt ist. Deshalb sollte man die Tätigkeit, die der eigenen Natur entspringt, nicht aufgeben, o Sohn Kuntis, auch wenn solche Arbeit fehlerhaft ist.

AUS DER
BHAGAVAD-GITA

Über die Ethik

Man kann dem Naturforscher ebensowenig Ethik beibringen wie dem General. Giftgase und Heilmittel entstammen der gleichen ehrlichen Forschung. Nur sind alle Methoden komplizierter und brutaler geworden. Solange es Kriege und Morde gibt, solang in Kirchen, Moscheen und Tempeln für den »Sieg unserer Sache« gebetet wird, habe ich wenig Lust über die Perfektibilität der Menschen nachzudenken. Die Perfektiblen sind ohnedies schon perfekt und brauchen nicht auf die Erfolge genetischer Schmierage zu warten.
Dennoch haben große Leute nie aufgehört, an die Möglichkeit der Vervollkommnung des Menschen zu glauben.

ERWIN CHARGAFF

Der Feind

Einen kenn ich,
Wir lieben ihn nicht;
Einen nenn ich,
Der die Schwerter zerbricht.
Weh! Sein Haupt steht in der Mitternacht,
Sein Fuß in dem Staub;
Vor ihm weht das Laub
Zur dunklen Erde hernieder.
Ohne Erbarmen
In den Armen
Trägt er die kindisch taumelnde Welt;
Tod, so heißt er,
Und die Geister
Beben vor ihm, dem schrecklichen Held.

Clemens Brentano

Vom Ungeist des Bösen

Keiner, der in Versuchung gerät, soll behaupten: Ich werde von Gott versucht. Gott kommt weder selbst in Versuchung, Böses zu tun, noch führt er Menschen in Versuchung. Die Menschen werden von ihrer eigenen Begehrlichkeit in Versuchung geführt, die sie lockt und schließlich einfängt. Wenn die Begierde schwanger geworden ist, bringt sie die Sünde zur Welt; ist die Sünde reif geworden, bringt sie den Tod hervor.

JAKOBUS 1,13–15

Über das Forschen

Es liegt im Wesen von Methoden, daß sie immer nur das aufdecken können, was durch Methoden aufdeckbar ist. Ob man sich damit zufriedengibt, hängt vom Wesen des einzelnen ab. Für viele reicht das aus, um sie bis zu ihrem Tod amüsiert zu erhalten. Aber die Naturforschung ist – anders als das Schachspiel oder Briefmarkensammeln – gefährlich geworden für die Menschheit, denn der Weg von der methodischen Feststellung zur industriellen Ausnützung ist jetzt sehr kurz. Manche Scheußlichkeit, die früher nur den schönen Inhalt eines Forschertraums gebildet hätte, liegt morgen schon auf den Straßen. Techniken, die vor kurzem nur dem Einfrieren von, sagen wir, grünen Bohnen dienten, bewahren jetzt menschliche Embryonen bis zum Jüngsten Gericht, da sie aufstehen werden, um gegen ihre Zeuger zu zeugen. Aber auch ihre Pökler sollen, wenn es auf mich ankommt, nicht vergessen sein.

ERWIN CHARGAFF

Pinie und Blitz

Hoch wuchs ich über Mensch und Tier;
Und sprech ich – niemand spricht mit mir.

Zu einsam wuchs ich und zu hoch –
Ich warte – worauf wart ich doch?

Zu nah ist mir der Wolken Sitz –
Ich warte auf den ersten Blitz.

FRIEDRICH NIETZSCHE

Die Entwertung Gottes durch den Mann

Die Entwertung Gottes durch den Mann ereignete sich, weil Männer sich einer moralischen Diktatur entledigen wollten, nicht aber, weil Gott sich unmoralisch verhalten hätte. Die Entwertung des Mannes ereignet sich dagegen, weil Männer moralisch versagen. Als Gott abgeschafft wurde, gab es ja keine tatsächlichen Beweise dafür, daß Gott Schlechtes getan hatte. Auch wenn die Welt als Trübsal erfahren wurde und Menschen nicht im reinen Glück ihr Leben zubrachten, so gab es doch keine Sicherheit darüber, daß Gott dafür verantwortlich war. Heute dagegen lassen sich Indizien feststellen. Sie gipfeln in der grenzverletzenden Forschermanie, vor allem in der Zerstörung zweier Kerne, des Atomkerns und des Zellkerns, und darin, daß der Mann diese Zerstörungen nicht stoppte, sondern zu gigantischen ökonomischen und politischen Unternehmungen ausbaute.

CHRISTINA THÜRMER-ROHR

Das goldene Kalb

Doppelflöten, Hörner, Geigen
Spielen auf zum Götzenreigen
Und es tanzen Jakobs Töchter
Um das goldne Kalb herum –
Brumm – brumm – brumm
Paukenschläge und Gelächter.

Hochgeschürzt bis zu den Lenden
Und sich fassend an den Händen,
Jungfraun edelster Geschlechter
Kreisen wie ein Wirbelwind
Um das Rind –
Paukenschläge und Gelächter.

Aron selbst wird fortgezogen
Von des Tanzes Wahnsinnswogen,
Und er selbst, der Glaubenswächter,
Tanzt im Hohenpriesterrock,
Wie ein Bock –
Paukenschläge und Gelächter.

Heinrich Heine

Vom Anthropozentrismus

Der große Fehler aller bisherigen Ethik ist, daß sie es nur mit dem Verhalten des Menschen zum Menschen zu tun zu haben glaubte. In Wirklichkeit aber handelt es sich darum, wie er sich zur Welt und allem Leben, das in seinen Bereich tritt, verhält. Ethisch ist er nur, wenn ihm das Leben als solches, das der Pflanze und des Tieres wie das des Menschen, heilig ist und er sich dem Leben, das in Not ist, helfend hingibt. Nur die universelle Ethik des Erlebens der ins Grenzenlose erweiterten Verantwortung gegenüber allem, was lebt, läßt sich im Denken begründen. Die Ethik des Verhaltens von Mensch zu Mensch ist nicht etwas für sich, sondern nur ein Besonderes, das sich aus jenem Allgemeinen ergibt.
Die Ethik der Ehrfurcht vor dem Leben begreift also alles in sich, was als Liebe, Hingebung, Mitleiden, Mitfreude und Mitstreben bezeichnet werden kann.

ALBERT SCHWEITZER

Je demütiger, je seliger

Wo steigst du hin?
Ein Tier ist Gott so nah als du.
Willst du ihm näher sein,
such *unter* diesem Ruh.

ANGELUS SILESIUS

Eine Erzählung aus Tausendundeiner Nacht berichtet, daß die Erde und die Tiere zitterten an dem Tag, an dem Gott den Menschen erschuf. Diese bewundernswerte poetische Vision gewinnt ihre ganze Bedeutung erst für uns, die wir weit besser als der arabische Erzähler des Mittelalters wissen, wie sehr die Erde und die Tiere Grund hatten zu zittern.

MARGUERITE YOURCENAR

Wer weiß, ob die Seele des Menschen hinaufsteigt und die Seele der Tiere im Staub versinkt?

KOHELET
DER PREDIGER SALOMO 3,21

Ethik und Verantwortung

Erst wurde durch dieses Wissen die *Natur* in Hinsicht auf Wert »neutralisiert«, dann auch der Mensch. Nun zittern wir in der Nacktheit eines Nihilismus, in der größte Macht sich mit größter Leere paart, größtes Können mit geringstem Wissen davon, wozu. Es ist die Frage, ob wir ohne die Wiederherstellung der Kategorie des Heiligen, die am gründlichsten durch die wissenschaftliche Aufklärung zerstört wurde, eine Ethik haben können, die die extremen Kräfte zügeln kann, die wir heute besitzen und dauernd hinzuerwerben und auszuüben beinahe gezwungen sind. Für die unmittelbar uns selbst bedrohenden, an uns selbst noch heimgesuchten Folgen kann es die Angst, so oft der beste Ersatz für wirkliche Tugend und Weisheit; aber dies Mittel versagt gegenüber den entfernten Perspektiven, auf die es hier vor allem ankommt, zumal die Anfänge in ihrer Kleinheit meist unschuldig erscheinen.

HANS JONAS

Vom Wissen der Seele

Nicht durch unsere scharfe Vernunft und Forschen erlangen wir den wahren Grund göttlicher Erkenntnis. Die Forschung muß von innen im Hunger der Seelen anfangen. Denn das Vernunftforschen geht nur bis in sein Astrum (Gestirn) der äußeren Welt, daraus die Vernunft urständet. Aber die Seele forschet in ihrem Astro, als in der inneren geistlichen Welt, daraus die sichtbare Welt entstanden oder ausgeflossen ist, darinnen sie mit ihrem Grunde stehet.

JAKOB BÖHME

Der Tag wird kommen, wenn das Töten eines Tieres genauso als Verbrechen betrachtet wird wie das Töten eines Menschen.

LEONARDO DA VINCI

Aus: Der Bescheidwissenschaftler

Er ist beim Weltall angestellt,
Vor fremder Tür zu kehren.
Bevor die große Glocke schellt,
Hat er sie läuten hören.

Er kniet für einen Silberling
Vor Hohem und Gemeinem.
Er kennt den Preis für jedes Ding,
Den Wert jedoch von keinem.

Ein Kammerjäger der Prominenz
Ist er, honoris causa,
Ein Tellerlecker der Eminenz,
Ein Majestäts-Entlauser.

Per Klatschblatt und per Telefon
– Sein Wahnsinn hat Methode –
Bezieht er, was heut Religion
Und morgen Episode.

»Das hab ich, wissen Sie, woher...?«
Protzt er mit Kennermiene.
Wo sonst das Herz schlägt, da hat er
Eine Diktiermaschine.

Er hat die Hand in jedem Spiel;
(Für ihn gibt's keine Regeln)
Und kennt die Kunst, direkt ans Ziel
Mit fremdem Schiff zu segeln.
(...)

MASCHA KALÉKO

Innerer Frieden

Vater, mache mich zum Werkzeug Deines Friedens:
Daß ich Liebe bringe,
wo man sich haßt.
Daß ich Versöhnung bringe,
wo man sich kränkt.
Daß ich Einigkeit bringe,
wo Zwietracht ist.
O Meister, hilf mir,
daß ich nicht danach verlang,
getröstet zu werden,
sondern zu trösten,
verstanden zu werden,
sondern zu verstehen,
geliebt zu werden,
sondern zu lieben.

Franz von Assisi zugeschrieben

Vom Mitleiden

Das Mitleiden, will heißen, das Leiden mit den Leidenden, ist nicht, wie man allzuoft glaubt, eine schwächliche Leidenschaft oder eine Leidenschaft der Schwächlinge, der man die männlichere Leidenschaft für die Gerechtigkeit entgegensetzen könnte; nein, heißes Mitleid entspricht keineswegs einer sentimentalen Lebensauffassung, vielmehr durchdringt es wie eine Klinge diejenigen, die, ob sie stark sind oder nicht, mutig oder nicht, intelligent oder nicht (das spielt keine Rolle), mit der Fähigkeit geschlagen sind, die Welt so zu sehen, wie sie ist. Wer von dieser Version höllischer Verzückung ausgeht, wird von der Schönheit nur noch mit gewissen Einschränkungen sprechen.

MARGUERITE YOURCENAR

Wie die Hausfrau, die die Stube gescheuert hat, Sorge trägt, daß die Tür zu ist, damit ja der Hund nicht hereinkomme und das getane Werk durch die Spuren seiner Pfoten entstelle, also wachen die europäischen Denker darüber, daß ihnen keine Tiere in der Ethik herumlaufen.

ALBERT SCHWEITZER

Vom Geist der Gewaltlosigkeit

Der Mensch als Tier ist gewalttätig, aber der Mensch als universeller Geist ist gewaltlos. Im Augenblick, da der Mensch den Geist in seinem Innern erweckt, kann er nicht länger gewalttätig sein. Entweder er schreitet vorwärts zur Gewaltlosigkeit, oder er rennt in sein Verderben. Darum haben die Propheten und die Avatars (große Heilige) die Lektionen der Wahrheit, der Harmonie, der Brüderlichkeit, der Gerechtigkeit gelehrt. Das alles sind Aspekte der Ahimsa, der Gewaltlosigkeit.

MAHATMA GANDHI

Materie:
Wie der Mann die Frau und die Natur betrachtet und sich zunutze macht

Trennung:
Trennung in seiner Sicht und unter
seiner Herrschaft
(worin sich unsere Stimme erhebt)

Übergang:
Ihre Reise durch das Labyrinth
zu der Höhle, wo sie ihre Visionen hat

Ihre Vision:
Nun sieht sie mit ihren eigenen Augen
(worin die Welt nicht länger ihm gehört)

SUSAN GRIFFIN

Über die dritte Zunge des falschen Christen

Die christliche Moral hat ihre Vorschriften ganz auf den Menschen beschränkt, die gesamte Tierwelt rechtlos gelassen. Man sehe nur, wie unser christlicher Pöbel gegen die Tiere verfährt, sie völlig zwecklos und lachend tötet oder verstümmelt, oder martert, seine Pferde im Alter bis aufs äußerste anstrengt, um das letzte Mark aus ihren armen Knochen zu arbeiten, bis sie unter seinen Streichen erliegen. Man möchte wahrlich sagen: Die Menschen sind der Teufel der Erde und die Tiere ihre geplagten Seelen.

ARTHUR SCHOPENHAUER

Urchristliches Osterlamm der Liebe

Und Johannes sprach im Geiste: »Sehet das Lamm Gottes, den guten Hirten, der sein Leben für die Schafe hingibt.« Und Judas war betroffen bei diesen Worten, denn er wußte, daß er ihn verraten werde. Aber Judas sprach abermals: »Stehet nicht geschrieben im Gesetze, daß ein Lamm geschlachtet werden müsse für das Osterfest innerhalb der Tore?«

Und Jesus antwortete: »Wenn ich auf das Kreuz gehoben werde, dann wird das Lamm wahrlich geschlachtet sein. Wehe aber dem Menschen, durch den es in die Hände der Schlächter geliefert wird. Es wäre ihm besser, daß er nie geboren wäre.

Wahrlich ich sage euch, darum bin ich in die Welt gekommen, daß ich alle Blutopfer und das Essen von Fleisch der Tiere und Vögel abschaffe.

Am Anfange gab Gott allen die Früchte der Bäume und die Saaten der Kräuter zur Nahrung; doch die sich mehr liebten denn Gott oder ihre Genossen, verdarben ihre Sitten und schufen Krankheiten ihren Körpern und füllten die Erde mit Lüsten und Gewalttätigkeit.

Nicht durch das Vergießen von unschuldigem Blut, sondern durch ein frommes Leben werdet ihr den Frieden Gottes finden. Ihr nennt mich Christus, und ihr sprechet wahr; denn ich bin der Weg, die Wahrheit und das Leben.

Aus dem Evangelium des vollkommenen Lebens

Vom Recht des Lebens

Es schmerzt mich, daß es nie zu einer Erhebung der Tiere gegen uns kommen wird, der geduldigen Tiere, der Kühe, der Schafe, aller Tiere, die in unsere Hand gegeben sind und ihr nicht entgehen können.

ELIAS CANETTI

Die Grausamkeit gegen Tiere und auch die Teilnahmslosigkeit gegenüber ihren Leiden ist nach meiner Ansicht eine der schwersten Sünden des Menschengeschlechts. Sie ist die Grundlage der menschlichen Verderbtheit. Ich habe niemals an diese Millionen von still und geduldig ertragenen Leiden denken können, ohne von ihnen bedrückt zu werden. Wenn der Mensch soviel Leiden schafft, welches Recht hat er dann, sich zu beklagen, wenn er selbst leidet?

ROMAIN ROLLAND

Hund

Die Hunde, nicht interessiert
an Straßen ohne Umkehr,
an fliegendem Staub, im Licht
teilnahmsloser Witterung.

O Gott der verirrten Hunde,
kleiner Gott mit traurigen Pfoten,
tritt heran an unsere Hemisphäre
eingekniffener langer Schwänze
und hungriger Augen, die dem knochen-
bleichen Monde nachblicken.

O sorgloser Gott, in mir hast du
einen Landstraßendichter,
doch bin ich umsonst auf der Suche
nach einer Sprache für Hunde,
die durch Regen und durch Staub
mit Gesang sie begleitet.

PABLO NERUDA

VI.

Vom Lieben

Der Baum des Lebens

Die Zahl Sechs symbolisiert das Wachstum der Bäume, welches der menschlichen Entwicklung ähnlich ist. Die Mystikerin Hildegard von Bingen schreibt darüber: »Was der Saft im Baum ist, das ist die Seele im Körper, und ihre Kräfte entfaltet sie wie der Baum seine Gestalt. Die Erkenntnis gleicht dem Grün der Zweige und Blätter, der Wille den Blüten, das Gemüt ist wie das zuerst Hervorbrechende, die Vernunft wie die voll ausgereifte Frucht. Der Sinn endlich gleicht der Ausdehnung des Baumes in die Höhe und Breite. So ist die Seele der innere Halt und die Trägerin des Leibes.«

In welcher Weise der einzelne Mensch Wachstum entwickelt, wird sich durch seine Liebesfähigkeit ausdrücken, in seinem Umgang mit sich selbst, mit anderen und mit der Welt. Im Baum des Lebens und Liebens wird er verstehen, Teil des Ganzen zu sein.

Eros

Erotik ist eine Fragwürdigkeit und wird es immer sein, was auch irgendeine zukünftige Gesetzgebung dazu zu sagen haben wird. Sie gehört einerseits zu der ursprünglichen Tiernatur des Menschen, welche so lange bestehen wird, als der Mensch einen animalischen Körper hat. Andererseits aber ist sie den höchsten Formen des Geistes verwandt. Sie blüht aber nur, wenn Geist und Trieb im rechten Einklang stehen. Fehlt ihr der eine oder andere Aspekt, so ist ein Schaden entstanden oder doch wenigstens eine unbalancierte Einseitigkeit, welche leicht ins Krankhafte abgleitet. Zuviel Tier entstellt den Kulturmenschen, zuviel Kultur schafft kranke Tiere.

CARL GUSTAV JUNG

Dem Eros

Ich rufe den heiligen, hehren,
Den süßen, liebreizenden Eros,
Den Geflügelten, Bogenbewehrten,
Den Feuerbrausenden, schnell im Ansturm,
Der mit den Göttern spielt
Und mit den sterblichen Menschen.
Du zwiegestaltiger, reich an Kunst,
Walter des Schlüssels zu allem,
Des himmlischen Äthers, des Meeres, der Erde,
Und was an allerzeugenden Lüften
Und menschennährenden Winden
Die fruchtgrünende Rhea gibt;
Was die wogenbrausende See
Und der weite Tartaros hält –
Denn als einziger lenkest du,
All dieser leitendes Steuer.
Auf denn, Seliger, vereine dich
Mit den Geweihten in reiner Gesinnung;
Wehre von ihnen gemeine
Und von außen kommende Stürme!

ORPHEUS

Suchen und Finden

»Auf meinem Lager, des Nachts, suchte ich den Liebsten meiner Seele. Ich suchte ihn, doch fand ich ihn nicht.

So will ich denn aufstehen und durchstreifen die Stadt, die Gassen und Plätze; ich will suchen den Liebsten meiner Seele. Ich suchte ihn, doch fand ich ihn nicht.

Es trafen mich die Wächter bei ihrer Runde durch die Stadt. ›Habt ihr ihn gesehen, den Liebsten meiner Seele?‹

Kaum war ich an ihnen vorüber, da fand ich den Liebsten meiner Seele. Ich hielt ihn fest und ließ nicht von ihm, bis ich ihn brachte ins Haus meiner Mutter, in die Kammer derer, die mich gebar.

Ich beschwör' euch, ihr Töchter Jerusalems, bei den Rehen und Hirschen der Flur: Weckt nicht auf und stört nicht die Liebe, bis daß es ihr selber gefällt!«

HOHESLIED
DAS ALTE TESTAMENT

Blumensprache: »*Ich bin eine Blume des Sarongefildes, eine Lilie der Täler.*«

Bräutigam: ›Wie die Lilie unter den Dornen, so ist meine Freundin unter den Töchtern.‹

Braut: ›Wie ein Apfelbaum unter den Bäumen des Waldes, so ist mein Geliebter unter den Söhnen. In seinem Schatten zu sitzen, ist mein Begehr, und seine Frucht schmeckt süß meinem Gaumen.‹
Zur Weinstube bringt er mich hin; ihr Kennzeichen über mir lautet ›Liebe‹.
Stärkt mich mit Weinbeeren, erquickt mich mit Äpfeln, denn krank vor Liebe bin ich!
Seine Linke liegt unter meinem Haupt, und seine Rechte umfängt mich.
Ich beschwör' euch, ihr Töchter Jerusalems, bei den Rehen und Hirschen der Flur: Weckt nicht auf und stört nicht die Liebe, bis daß es ihr selber gefällt!«

HOHESLIED
DAS ALTE TESTAMENT

Über die Liebe

Kraft hat die Leidenschaft über unsere ganze Natur. Sie dehnt die Empfindung aus; sie macht den Grobian sanft und gibt dem Feigen Herz. Dem Beklagenswerten und Elendsten wird sie Herz und Mut einflößen, der Welt zu trotzen, so wie sie nur das Antlitz des geliebten Gegenstandes hat. Indem sie ihn jemand anderem gibt, gibt sie ihn noch mehr ihm selbst. Er ist ein neuer Mensch, mit neuen Wahrnehmungen, neuen und eifrigeren Vorsätzen und einer religiösen Feierlichkeit des Charakters und seiner Ziele. Er gehört nicht länger seiner Familie und der Gesellschaft an; E*r* ist etwas: E*r* ist eine Person. E*r* ist eine Seele.

RALPH WALDO EMERSON

Helle Nacht

Weich küßt die Zweige
Der weiße Mond;
Ein Flüstern wohnt
Im Laub, als neige,
Als schweige sich der Hain zur Ruh –
Geliebte du.

Der Weiher ruht, und
Die Weide schimmert;
Ihr Schatten flimmert
In seiner Flut, und
Der Wind weint in den Bäumen –
Wir träumen … träumen.

Die Weiden leuchten
Beruhigung;
Die Niederung
Hebt bleich den feuchten
Schleier hin zum Himmelssaum
O hin – o Traum …

PAUL VERLAINE

Mann und Frau

Liebe ist nur möglich, wenn sich zwei Menschen aus der Mitte ihrer Existenz heraus miteinander verbinden, wenn also jeder sich selbst aus der Mitte seiner Existenz heraus erlebt. Nur dieses »Leben aus der Mitte« ist menschliche Wirklichkeit, nur hier ist Lebendigkeit, nur hier ist die Basis für Liebe. Die so erfahrene Liebe ist eine ständige Herausforderung; sie ist kein Ruheplatz, sondern bedeutet sich zu bewegen, zu wachsen, zusammenzuarbeiten. Ob Harmonie waltet oder ob es Konflikte gibt, ob Freude oder Traurigkeit herrscht, ist nur von sekundärer Bedeutung gegenüber der grundlegenden Tatsache, daß zwei Menschen sich vom Wesen ihres Seins her erleben, daß sie miteinander eins sind, indem sie mit sich selbst eins sind, anstatt vor sich selber auf der Flucht zu sein. Für die Liebe gibt es nur einen Beweis: die Tiefe der Beziehung und die Lebendigkeit und Stärke in jedem der Liebenden. Das allein ist die Frucht, an der die Liebe zu erkennen ist.

Erich Fromm

An deinen Lidern

An deinen Lidern blüht der Tau der Nacht.
Ich trinke von ihm, ich schaue dich.
Die Erde, die wir teilen, vergeht.

Ich bin das Wasser, wie du.
Wir rinnen, verborgen, durch die Pforte des Leids, wir
Treiben, bis das wahre Auge uns trinkt –

Aus dem schneeigen Kelch,
Wo über die Kristalle der Atem wandelt,
Wie er tagt von Mund zu Mund.

JOCHEN WINTER

Alchimie der Liebe

Das Zusammentreffen von zwei Persönlichkeiten ist wie eine Mischung zweier verschiedener chemischer Körper: Tritt eine Verbindung überhaupt ein, so sind beide gewandelt.

CARL GUSTAV JUNG

Ein schweres Herz

Ein schweres Herz fühlt ich im Busen schlagen
Vor Jahr zu Jahr, bevor ich dich erblickt,
Und Sorge hat auf Sorge mich bedrückt
Statt jener Freuden, die so leicht sich tragen

Wie Perlenschnüre, die an Festestagen
Am Busen wogen, den der Tanz beglückt.
Mein Hoffen hat ein langes Leiden erstickt.
Selbst nicht mit Gottes Gnade konnt ich wagen,
Dies Herz aus seinem Kummer zu befrein.
Da hießest du michs bringen, deinem stillen
Und großen Wesen senktest du es ein;

In eigner Schwere sinkts. In seine Hüllen
Schließt es dein Herz, um Mittler mir zu sein
Der Sterne und des Schicksals dunklem Willen.

ELIZABETH BARRET-BROWNING

Welt im Innern

Die Liebe ist erstens einmal ein gemeinsames Erlebnis zweier Menschen; die Tatsache jedoch, daß es ein gemeinsames Erlebnis ist, bedeutet noch nicht, daß es für die beiden Beteiligten ein ähnliches Erlebnis ist. Es geht immer um den Liebenden und den Geliebten – doch stammen die beiden aus verschiedenen Landen. Oftmals löst der Geliebte nur all die aufgespeicherte Liebe aus, die bis dahin so lange im Liebenden geschlummert hat. Und irgendwie ahnt das auch jeder Liebende. Er fühlt es in seinem Herzen, daß seine Liebe ihn vereinsamt. Er erlebt eine neue, seltsame Einsamkeit, und er leidet unter dieser Erfahrung. Es bleibt dem Liebenden also nur eins zu tun: Er muß seine Liebe nach besten Kräften in sich beherbergen; er muß sich eine vollständige, neue Welt in seinem Innern aufbauen, eine starke und eigentümliche Welt, die an sich selbst Genüge hat. Und dieser Liebende, das mag hier hinzugefügt werden, braucht nicht unbedingt ein junger Mann zu sein, der für einen Trauring spart – es kann Mann, Frau oder Kind, einfach irgendein menschliches Lebewesen auf unserer Erde sein.

CARSON MCCULLERS

An die Geliebte

Wenn ich, von deinen Augen tief gestillt,
Mich stumm an deinem heil'gen Wert vergnüge,
Dann hör' ich recht die leisen Atemzüge
Des Engels, welcher sich in dir verhüllt,
Und bin erstaunt, ein fragend Lächeln quillt
Auf meinem Mund, ob mich kein Traum betrüge,
Daß nun in dir, zu ewiger Genüge,
Mein kühnster Wunsch, mein einz'ger, sich erfüllt?

Von Tiefe dann zu Tiefen stürzt mein Sinn,
Ich höre aus der Gottheit nächt'ger Ferne
Die Quellen des Geschicks melodisch rauschen.

Betäubt kehr' ich den Blick nach oben hin,
Zum Himmel auf – da lächeln alle Sterne;
Ich knie, ihrem Lichtgesang zu lauschen.

EDUARD MÖRIKE

Im Paradies

»O Liebe des Urliebenden«, begann ich,
»o Göttliche, die so mich überströmet
Und wärmt, daß sie mich mehr und mehr belebet,
So tief ist mein Gefühl nicht, daß es genüge,
Um Gabe dir für Gabe darzubringen;
Doch Er, der sieht und kann, erfülle solches!
Wohl seh ich ein, daß nie gesättigt unser
Verstand wird, wenn das Wahr' ihn nicht erleuchtet,
Aus dessen Umkreis keine Wahrheit schweifet.
Er ruht darin, gleichwie ein Wild im Dickicht,
Wie ers erreicht hat, und erreichen kann ers;
Sonst wäre fruchtlos ja jedwedes Wünschen.
Drum sprießt, dem Schößling gleich, am Fuß der Wahrheit
Der Zweifel auf, und unsere Natur ists,
Die uns zum Gipfel treibt von Höh zu Höhe.
Dies fordert auf mich, dies gibt mir die Kühnheit,
Mit Ehrfurcht euch, o Herrin, zu befragen
Ob einer andern Wahrheit, die mir dunkel.
Gern wüßte ich, ob man für verfehlt Gelübde
Durch andres gute Werk so kann genug tun,
Daß es zu leicht nicht wieg auf eurer Waage.«
Beatrix blickte nach mir hin, mit Augen,
Von Liebesfunken angefüllt, so göttlich,
Daß ich, zu schwach an Kraft, mich rückwärts wandte
Und wie verloren stand, gesenkten Blickes.

DANTE ALIGHIERI

Verliebt

Mutter, löse die Spangen mir!
Mich hat ein Fieber befallen.
Denn das Fenster ließest du auf,
das immer sorglich verhängte;
und im Garten ich Mädchen sah,
die warfen Ringe im Kreise,
flatternd selber, ein Blütenschnee,
vom leichten Winde getragen.
Immer flöten nun Stimmen mir,
und immer Spiegel mir flirren;
blind geworden bin ich schon ganz,
taub werd ich nächstens werden.
Mutter, löse die Spangen mir!
Mich hat ein Fieber befallen.

ANNETTE VON DROSTE-HÜLSHOFF

Vom Unbeschreiblichen besiegt

Der Liebende ist also jenes sonderbare Wesen, das das Gesicht, von dem es besessen ist, vergißt, das Augen nur für eine(n) anderen hat und ihn dennoch nicht beschreiben kann. Das krasse Dementi des romantischen Klischees, das in der Liebe und in der ästhetischen Schöpfung die Äußerung einer ebenso zarten wie leidenden Einsamkeit verherrlicht. Der Liebende ist ein erbärmlicher Künstler, ein verhinderter Maler, ein vom Unbeschreiblichen besiegter Dichter. Der leidenschaftliche Blick und der künstlerische Blick sind unvereinbar, kein heimliches Einverständnis besteht zwischen ihnen. Triumph der Präzision über das Verschwommene, Ersetzen der Bewegung durch das Bildnis – die Darstellung ist das Privileg – oder das Schicksal – desjenigen, der nicht liebt.

ALAIN FINKIELKRAUT

Komm zu mir in der Nacht

Komm zu mir in der Nacht – wir schlafen engverschlungen.
Müde bin ich sehr, vom Wachen einsam.
Ein fremder Vogel hat in dunkler Frühe schon gesungen,
als noch mein Traum mit sich und mir gerungen.

Es öffnen Blumen sich vor allen Quellen
und färben sich mit Deiner Augen Immortellen ...

Komm zu mir in der Nacht auf Siebensternenschuhen
und Liebe eingehüllt spät in mein Zelt.

Wir wollen wie zwei seltene Tiere liebesruhen
im hohen Rohre hinter dieser Welt.

ELSE LASKER-SCHÜLER

Innen sind deine Augen Fenster

Innen sind deine Augen Fenster
auf ein Land, in dem ich in Klarheit stehe.

Innen ist deine Brust ein Meer,
das mich auf den Grund zieht.
Innen ist deine Hüfte ein Landungssteg
für meine Schiffe, die heimkommen
von zu großen Fahrten.

Das Glück wird ein Silbertau,
an dem ich befestigt liege.

Innen ist dein Mund ein flaumiges Nest
für meine flügge werdende Zunge.
Innen ist dein Fleisch melonenleicht,
süß und genießbar ohne Ende.
Innen sind deine Adern ruhig
und ganz mit Gold gefüllt,
das ich mit meinen Tränen wasche
und das mich einmal aufwiegen wird.

Du empfängst Titel, deine Arme umfangen Güter,
die an dich zuerst vergeben werden.

Innen sind deine Füße nie unterwegs,
sondern schon angekommen in meinen Samtlanden.
Innen sind deine Knochen helle Flöten,
aus denen ich Töne zaubern kann,
die auch den Tod bestricken werden …

INGEBORG BACHMANN

Japanische Sehnsucht

Wär nun mein Lieb hier,
Wir könnten beide lauschen
Am offnen Meere
Dem rauhen Schrei des Kranichs
Als Ruf des Morgengrauens.

Prinz Moribe
Wenn allen Leuten
Die Tempelglocke zuruft:
»Nun schlaft in Frieden«,
Und ich dann an dich denke,
So kann ich doch nicht schlafen.

Hofdame Kasa
Wenn in der Bucht sich
Die Wogen weiß erheben,
Weil Seewind aufkommt,
Und es des Abends kalt wird,
Dann denk ich an Yamato…

UNBEKANNTER DICHTER

Die Rose

Zwischen einer Rose und der nächsten Rose
war soviel Rosenstöcke Abstand,
daß von einem Leben ich zum nächsten ging,
ohne je entbrennen zu wollen;
erst als es schon zu spät war, nahm ich,
halb tot vor Liebe, Abschied
von meiner ganzen kläglichen Standhaftigkeit.
Noch einmal suchte ich jenen Duft,
die rote Rose des Schmerzes,
die gelbe des Vergessens,
die weiße der Betrübnis
oder die blaue, die ungewöhnliche.
Indes kehrt man vergebens
heim in das Land des Frühlings:
So spät war es, daß die Sterne
auf den Weg mir stürzten.

Und da blieb ich stehen und erntete
den Schimmer des nächtlichen Weizens.

PABLO NERUDA

Yesterday

Yesterday,
all my troubles seemed so far away,
now it looks as though they're here to stay,
oh, I believe in yesterday.
Suddenly,
I'm not half the man I used to be,
there's a shadow hanging over me,
oh, yesterday came suddenly.
Why she had to go I don't know,
she wouldn't say,
I said something wrong,
now I long for yesterday.
Yesterday,
love was such an easy game to play,
now I need a place to hide away,
oh, I believe in yesterday.
Why she had to go I don't know,
she wouldn't say,
I said something wrong,
now I long for yesterday.
Yesterday,
love was such an easy game to play,
now I need a place to hide away,
oh, I believe in yesterday.
Mm mm mm mm mm mm mm mm ...

THE BEATLES

Die merkwürdigsten Leute können Liebe auslösen …

Die merkwürdigsten Leute können Liebe auslösen. Ein Mann kann ein zittriger Urgroßvater sein und noch immer ein fremdes Mädchen lieben, das er eines Nachmittags vor zwanzig Jahren in den Straßen sah. Der Prediger kann eine Gefallene lieben. Der Geliebte kann treulos sein, kann fettiges Haar haben oder schlechte Gewohnheiten, ja, und der Liebende mag das alles so deutlich wie alle anderen Menschen erkennen, doch das berührt das Wachstum seiner Liebe nicht im geringsten. Eine höchst mittelmäßige Person kann Gegenstand einer Liebe sein, die so wild und außerordentlich und schön wie die Giftlilie im Sumpf ist. Ein guter Mensch kann eine heftige und erniedrigende Liebe auslösen, und ein stammelnder Irrer kann in einer andern Seele ein zartes und schlichtes Glück hervorrufen. Deshalb gelten Wert und Eigenart einer Liebe einzig vom Liebenden her.

Und das ist auch der Grund, weshalb die meisten unter uns eher Liebende als Geliebte sein wollen. Fast jeder möchte der Liebende sein. Und die ungeschminkte Wahrheit lautet, daß viele es im tiefsten, verborgensten Grunde gar nicht ertragen können, geliebt zu werden. Der Geliebte fürchtet und haßt den Liebenden, und nicht ohne Grund. Denn der Liebende versucht immer und ewig, den Geliebten zu entblößen. Der Liebende sehnt sich nach jeder nur erdenklichen Annäherung, auch wenn ihm das Erlebnis nichts als Qual bereitet.

CARSON MCCULLERS

Abendlied

Am Abend, wenn wir auf dunklen Pfaden gehn,
Erscheinen unsere bleichen Gestalten vor uns.

Wenn uns dürstet,
Trinken wir die weißen Wasser des Teichs,
Die Süße unserer traurigen Kindheit.

Erstorbene ruhen wir unterm Holundergebüsch,
Schaun den grauen Möwen zu.

Frühlingsgewölke steigen über die finstere Stadt,
Die der Mönche edlere Zeiten schweigt.

Da ich deine schmalen Hände nahm,
Schlugst du leise die runden Augen auf,
Dieses ist lange her.

Doch wenn dunkler Wohllaut die Seele heimsucht,
Erscheinst du Weiße in des Freundes herbstlicher Landschaft.

GEORG TRAKL

Meine Pein ist tiefer

Meine Pein ist tiefer
als der Abgrund,
mein Herzeleid ist weiter
als die Welt,
meine Furcht ist größer
als die Berge,
meine Sehnsucht reicht höher
als die Sterne.
In diesen Dingen kann ich
dich nirgends finden.

MECHTHILD VON MAGDEBURG

An Felice Bauer

Daß zwei in mir kämpfen, weißt Du. Daß der bessere der zwei Dir gehört, daran zweifle ich gerade in den letzten Tagen am wenigsten. Über den Verlauf des Kampfes bist Du ja durch fünf Jahre durch Wort und Schweigen und durch ihre Mischungen unterrichtet worden, meistens zu Deiner Qual. Fragst Du mich, ob es immer wahrhaftig war, kann ich nur sagen, daß ich keinem Menschen gegenüber bewußte Lügen so stark zurückgehalten habe als gegenüber Dir. Verschleierungen gab es manche, Lügen sehr wenig, vorausgesetzt, daß es überhaupt »sehr wenig« Lügen geben kann. Ich bin ein lügnerischer Mensch, ich kann das Gleichgewicht nicht anders halten, mein Kahn ist sehr brüchig. Wenn ich mich auf mein Endziel hin prüfe, so ergibt sich, daß ich nicht eigentlich danach strebe, ein guter Mensch zu werden und einem höchsten Gericht zu entsprechen, sondern, sehr gegensätzlich, die ganze Menschen- und Tiergemeinschaft zu überblicken, ihre grundlegenden Vorlieben, Wünsche, sittlichen Ideale zu erkennen, sie auf einfache Vorschriften zurückzuführen, und mich in dieser Richtung möglichst bald dahin zu entwickeln, daß ich durchaus allen wohlgefällig würde, und zwar (hier kommt der Sprung) so wohlgefällig, daß ich, ohne die allgemeine Liebe zu verlieren, schließlich, als der einzige Sünder, der nicht gebraten wird, die mir innewohnenden Gemeinheiten offen, vor aller Augen, ausführen dürfte.

FRANZ KAFKA

An John Middleton Murry

Wenn ich der einzige Mann in Deinem Leben bin, dann nicht, weil ich ich bin, sondern bloß, weil ich das Staubkorn lieferte, auf dem Du Deinen Kristall eines imaginären Mannes aufgebaut hast. Wir kennen einander nicht – wenn Du wüßtest, *wie* wenig wir einander kennen! Und wir sollten nicht so tun, als ob. Dadurch, daß wir früher manchmal so taten, als ob, hatten wir es sehr vergnüglich zusammen. Aber immer mußten wir so tun, als ob – und das konnte keiner von uns durchhalten. Glaube mir, Du und ich, wir gehören verschiedenen Welten an, verschiedenen Bewußtseinswegen, und das Beste, was wir tun können, ist, einander in Ruhe zu lassen, immer und ewig. Wir sind eine Dissonanz.

D. H. LAWRENCE

Die Liebe ging auf dunkler Bahn

Die Liebe ging auf dunkler Bahn
Vom Monde nur erblickt,
Das Schattenreich war aufgetan
Und seltsam aufgeschmückt.

Ein blauer Dunst umschwebte sie
Mit einem goldnen Rand,
Und willig zog die Fantasie
Sie über Strom und Land.

Es hob sich ihre volle Brust
In wunderbarem Mut;
Ein Vorgefühl der künft'gen Lust
Besprach die wilde Glut.

Die Sehnsucht klagt' und wußt' es nicht,
Daß Liebe näher kam,
Und tiefer grub in ihr Gesicht
Sich hoffnungsloser Gram.

Die kleine Schlange blieb getreu:
Sie wies nach Norden hin,
Und beide folgten sorgenfrei
Der schönen Führerin.

Die Liebe ging durch Wüstenein
Und durch der Wolken Land,
Trat in den Hof des Mondes ein,
Die Tochter an der Hand.
(...)

NOVALIS

Meister oder Opfer?

In einer labilen Beziehung haben wir grundsätzlich zwei verschiedene Wege, die wir einschlagen können, abgesehen von den Feinheiten allfälliger Veränderungen: Ein Weg führt zur Stabilität, wir erreichen eine gemeinsame Schwingungsebene; der andere führt zur Auflösung, indem wir uns in den Schwingungen so weit auseinanderbewegen, daß wir uns gegenseitig gar nicht mehr gewahr sind. Nachdem wir uns in der Gegenwart von Schwingungen, die höher oder tiefer als unsere eigenen sind, nicht wohl fühlen, neigen wir dazu, auf gewisse »natürliche« Art zu reagieren. Schwingt die andere Person tiefer, werden wir im allgemeinen versuchen, sie auf unsere Ebene emporzubekommen, ihr zu helfen und sie aufzuheitern. Schwingt die andere Person aber höher, werden wir zuerst versuchen, sie herunterzuholen und sie dazu zu bringen, ihre Schwingungen zu bremsen. Beachte, daß du, wenn du jemandem zu helfen versuchst, gegen seine natürliche, vielleicht unbewußte Anstrengung, dich herunterzubringen, arbeitest. Die tiefer schwingende Person – und das könnte unter Umständen jeder von uns sein – wird die Energie der höher schwingenden Person aufzusaugen scheinen, oft mit den besten moralischen und sozialen Absichten.

THADDEUS GOLAS

Aus: Manfred

Und ein Zauberwort und Lied
Taufte dich mit einem Fluch,
Und schon hat ein Geist der Luft
Dich umgarnt mit einer Schlinge.
In dem Wind ist eine Stimme,
Die verbeut dir, dich zu freuen.
Und wenn dir die Nacht versagt
Ihres reinen Himmels Ruhe,
Bringt der Tag eine Sonn herauf,
Wär sie nieder! wünschest du.
Deinen falschen Tränen zog ich
Tödlichste Essenzen aus,
Deinem eignen Herzen sog ich
Blut, das schwärzeste, vom Quell,
Deinem Lächeln lockt ich Schlangen,
Dort geheim geringelt, ab,
Deinem Lippenpaar entsaugt ich
Allerschlimmstes aller Gifte.
Jedem Gift, das ich erprobet,
Schlimmer ist dein eignes doch.
Bei deiner kalten Brust, dem Schlangenlächeln,
Der Arglist unergründlichem Schlund,
Bei dem so tugendsam scheinenden Auge,
Bei der verschlossenen Seele Trug,
Bei der Vollendung deiner Künste,
Dem Wahn, du tragest ein menschliches Herz,
Bei deinem Gefallen an anderer Pein,
Bei deiner Kains-Bruderschaft
Beschwör ich dich und nötige
Dich, selbst dir eigene Hölle zu sein.

LORD BYRON

Ängste

Sich vor emotionaler Abhängigkeit schützen zu wollen, entspricht dem Wunsch, unverletzbar zu sein; zu diesem Zweck badete Siegfried aus der germanischen Sage im Blut des Drachen.

Die Lebensangst als solche im Sinne der Angst der Kreatur dürfte ein allgemein menschliches Phänomen sein. Beim Neurotiker ist die Angst gesteigert. Sie läßt sich kurz beschreiben als ein Gefühl der Hilflosigkeit gegenüber einer feindlichen und übermächtigen Umwelt. Sie ist ihm als solche meistens nicht bewußt. Bewußt sind ihm nur eine Reihe von Ängsten von ganz unterschiedlichem Inhalt: Gewitterangst, Straßenangst, Errötungsangst, Angst vor Ansteckung, Examensangst, Eisenbahnangst usw. Es ist natürlich im einzelnen streng determiniert, warum ein Mensch gerade diese oder jene spezielle Angst hat. Ein tieferes Verständnis zeigt uns aber, daß alle diese Ängste ihr Schwergewicht erhalten von der darunter verborgenen gesteigerten Lebensangst.

Karen Horney

Rosendiebspiel

Der eine ist Rosenstock
Andere sind Windstöchter
Noch andere Rosendiebe

Die Diebe beschleichen den Rosenstock
Einer von ihnen stiehlt die Rose
Versteckt sie in seinem Herzen

Die Windstöchter tauchen auf
Merken den Raub der Schönheit
Und jagen die Rosendiebe

Dann öffnen sie ihnen die Brust
In manchen ist noch ein Herz
In manchen wahrhaftig keins

Sie öffnen Brust um Brust
Bis sie das Herz entdecken
Mit der gestohlenen Rose

VASKO POPA

VII.

Vom Sein

Transformation

Die Zahl Sieben drückt die Transformation aus und die Harmonie zwischen göttlichem und irdischem Sein. In der Zusammensetzung von Drei + Vier tritt die Sieben als neue Form der Wandlung hervor.

Die Sieben bedeutet auch das Neue. Biologische, chemische und physikalische Gesetze haben die Sieben zur Grundlage; naturmystische und mythische Analogien zeigen, wie die Sieben sowohl in der Materie wie auch im Geist wirksam ist. Sieben Jahre braucht der Körper, um die Zellen zu erneuern. Sieben Halswirbel symbolisieren die Pforte der sieben Tugenden und sieben Laster. Sieben Öffnungen hat der Kopf. Die sieben Planeten der Antike, Sonne, Mond, Mars, Merkur, Jupiter, Venus und Saturn, befestigen das kosmische Oben im irdischen Unten. Der siebenarmige Leuchter ist Symbol jüdischer Weisheit. Die sieben alchimistischen Phasen der Transformation unter dem Einfluß von sieben Metallen und sieben Planeten gebären das Neue, sowohl im chemischen Ablauf wie auch in der Alchimie der Bewußtseinsbildung.

Weißt du, daß die Bäume reden?

Weißt du, daß die Bäume reden? Ja, sie reden.
Sie sprechen miteinander, und sie sprechen zu dir,
wenn du zuhörst.
Aber die weißen Menschen hören nicht zu.
Sie haben es nie der Mühe wert gefunden,
uns Indianer anzuhören, und ich fürchte,
sie werden auch auf die anderen Stimmen
in der Natur nicht hören.
Ich selbst habe viel von den Bäumen erfahren:
manchmal etwas über das Wetter,
manchmal über Tiere,
manchmal über den Großen Geist.

WALKING BUFFALO

Über die Ruhe der Gedanken

Nur ein Geist, der still ist und nicht still gemacht wurde, erlebt ohne Unterlaß das große Schweigen; für ihn sind alle Gedanken, alle Worte in dieses Schweigen miteinbezogen, sie stehen nicht mehr außerhalb des Schweigens. Es ist seltsam, wie ruhig alles Denken in dieser Stille ist; die Ruhe ist durch kein künstliches Mittel erzeugt oder irgendwie errungen. Diese Art der Gedankenruhe hat keinen Marktwert und ist für keine Zwecke zu gebrauchen, darum besitzt sie alle Merkmale der Reinheit und der Einzigkeit. Was benutzt werden, was dienen kann, ist rasch verbraucht. Wahre Ruhe des Geistes hat weder Beginn noch Ende; wer in ihr lebt, hat Teil an seiner Seligkeit, die nicht nur das Spiegelbild des eigenen Begehrens ist.

JIDDU KRISHNAMURTI

Spiegel der Seele

Ich nehme ein Becken mit Wasser und lege einen Spiegel hinein und setze es unter das Rad der Sonne. Dann wirft die Sonne ihren lichten Schein aus dem Spiegel am Boden des Beckens und vergeht doch nicht. Das Widerspiegeln des Spiegels in der Sonne kommt aus der Sonne, ist Sonne, und der Spiegel ist doch, was er ist. So auch ist es mit Gott. Gott ist mit seiner Natur, seinem Wesen und seiner Gottheit in meiner Seele, und doch ist nicht er die Seele. Das Widerspiegeln meiner Seele aber ist Gott und bleibt doch, was sie ist. Gott »wird«, da alle Kreaturen »Gott« aussprechen. Da wird Gott.

MEISTER ECKEHART

The inner light

Without going out of my door
I can know all things on earth.
Without looking out of my window
I could know the ways of heaven.
The farther one travels, the less one knows,
The less one knows.
Without going out of your door
You can know all things on earth.
Without looking out of your window
You can know the ways of heaven.
The farther one travels, the less one knows,
The less one knows.
Arrive without travelling.
See all without looking.

THE BEATLES

Noch etwas will ich sagen

Betrachte ich die Lilien auf dem Felde,
dann sehe ich wohl ihren Schein
und ihre Farbe und ihre Blätter;
aber ihren Duft sehe ich nicht.
Warum?
Weil der Duft in mir ist.
Was mich ansprechend dünkt, das ist in mir,
und ich spreche es aus mir heraus.

Gott ist immer in uns,
nur wir sind selten zu Hause.

MEISTER ECKEHART

Frau und Mutter Erde

Erst jetzt benennen wir uns selbst. Erst jetzt, wo wir uns als vergänglich betrachten, sprechen wir die Silben aus. Verzeichnen wir alles, was wir sind. Was wir von uns wissen. Wir wissen, wir sind aus Erde gemacht. Wir wissen, die Erde ist aus unseren Körpern gemacht. Denn wir sehen uns selbst. Wir sind Natur. Wir sind Natur, die die Natur sieht. Wir sind Natur, mit einem Konzept von Natur. Weinende Natur. Natur, die der Natur von der Natur erzählt.

Und alles was ich weiß, weiß ich aus dieser Erde, den Vogelkörper, diesen Füller, dieses Papier, diese Hände, diese Zunge, die spricht, alles, was ich weiß, spricht durch die Erde zu mir, und ich sehne mich danach, es dir zu sagen, dir, die du gleichfalls Erde bist, und dir zuzuhören, wenn wir uns sagen, was wir wissen: Das Licht ist in uns.

SUSAN GRIFFIN

Ein Mensch, dessen Herz weit und gütig ist …

Ein Mensch, dessen Herz weit und gütig ist,
Gleicht einer Frühlingsbrise,
Die alles wärmt und sprießen läßt:
Wer mit ihm in Berührung kommt, wächst.
Ein Mensch, dessen Herz kalt und hart ist,
Gleicht dem Schnee aus dem Norden,
Der alles erbleichen und erstarren läßt:
Wer mit ihm in Berührung kommt, stirbt ab.

HUNG YING-MING

Mondnacht

Es war, als hätt' der Himmel
Die Erde still geküßt,
Daß sie im Blütenschimmer
Von ihm nun träumen müßt'.

Die Luft ging durch die Felder,
Die Ähren wogten sacht,
Es rauschten leis die Wälder,
So sternklar war die Nacht.

Und meine Seele spannte
Weit ihre Flügel aus,
Flog durch die stillen Lande,
Als flöge sie nach Haus.

JOSEPH VON EICHENDORFF

Schweigen

Schweigen.
Sollte eines Tages Gott auf die Erde kommen,
wird tiefes Schweigen sein.
Das Schweigen ist so groß, daß nicht einmal
das Denken denkt.

CLARICE LISPECTOR

Alles auf der Welt begann mit einem Ja

Alles auf der Welt begann mit einem Ja. Ein Molekül sagte zu einem anderen Molekül ja, und das Leben wurde geboren. Aber vor der Vorgeschichte war die Vorgeschichte der Vorgeschichte, und es war das Nie, und es war das Ja. Das war immer da. Ich weiß nicht, wie oder was, ich weiß aber, daß das Weltall nie begann.
Daß sich niemand täusche: Die Einfachheit gelingt mir nur mit großer Mühe.

CLARICE LISPECTOR

Terzinen

Wir sind aus solchem Zeug wie das zu Träumen,
Und Träume schlagen so die Augen auf
Wie kleine Kinder unter Kirschenbäumen,
Aus deren Kronen den blaßgoldnen Lauf
Der Vollmond anhebt durch die große Nacht.
Nicht anders tauchen unsre Träume auf,

Sind da und leben wie ein Kind, das lacht,
Nicht minder groß im Auf- und Niederschweben
Als Vollmond, aus Baumkronen aufgewacht.

Das Innerste ist offen ihrem Weben;
Wie Geisterhände in versperrtem Raum
Sind sie in uns und haben immer Leben.

Und drei sind Eins: ein Mensch, ein Ding, ein Traum.

HUGO VON HOFMANNSTHAL

Über das Vergängliche

Nun, dachte er, da alle diese vergänglichen Dinge mir entglitten sind, nun stehe ich wieder unter der Sonne, wie ich einst als kleines Kind gestanden bin, nichts ist mein, nichts kann ich, nichts vermag ich, nichts habe ich gelernt. Wie ist dies wunderlich. Jetzt, wo meine Haare schon halb grau sind, wo die Kräfte nachlassen, jetzt fange ich wieder von vorne und beim Kinde an! Wieder mußte er lächeln... Es ging abwärts mit ihm, und nun stand er wieder leer und nackt und dumm in der Welt. Aber Kummer konnte er darüber nicht empfinden, nein, er fühlte sogar einen großen Anreiz zum Lachen, zum Lachen über sich, zum Lachen über diese gesamte törichte Welt.

HERMANN HESSE

Was der Engel sagt

Im Gewohnten versteckt sich der Fehler.
Im Ungewohnten, Umgekehrten,
kommt er hervor.
Kehre alles um! Immer!
Das Gewohnte ist der Tod,
der Verheimlicher,
der Lauernde, der verborgene Feind.
Er schlüpft ins Gewohnte, ins Tote,
ins Gefühlslose, ins Nichts.
Macht hat er nur,
solange er verborgen bleibt,
denn jeder ist stärker als er.
Er hat nur eine Stärke:
Die Lüge, das Laue, das Verdecken.
Das ist seine Kraft.
Auch ER ist verborgen,
doch IHN werden wir eines Tages sehen.

GESPRÄCH MIT DEM ENGEL
AUFGEZEICHNET VON
GITTA MALLASZ

Erleuchtung im Tao

Weder durch Worte noch durch die Patriarchen,
Weder durch Farbe noch Klang ward ich erleuchtet.
Aber zur Mitternacht, als ich die Kerze ausblies
Und zu Bett ging,
Erreichte ich plötzlich, ganz von selbst,
die Morgenröte.

Beinah dreißig Jahre lang bin ich gewandert,
Suchte das wahre Tao überall.
Wie viele Male sah ich an den Bäumen
Neue Zweige wachsen und die alten Blätter fallen.
Doch in diesem Augenblick, im Anblick der Pfirsichblüten,
Fand ich plötzlich Erleuchtung
Und habe keine Zweifel mehr.

VERSE CHINESISCHER ZEN-SCHÜLER

Zeitlos im Sein

Es gibt mehr Tage als einen. Es gibt den Tag der Seele und den Tag Gottes. Ein Tag vor sechs oder sieben Tagen oder vor mehr als sechstausend Jahren ist der Gegenwart ebenso nah wie der gestrige Tag. Warum? Weil alle Zeit im Nu des gegenwärtigen Augenblicks enthalten ist. Der Tag der Seele fällt in diese Zeit und besteht aus dem natürlichen Licht, in dem Dinge gesehen werden. Der Tag Gottes ist jedoch der vollständige Tag, der Tag und Nacht umfaßt. Er ist der wirkliche jetzige Augenblick. Vergangenheit und Zukunft sind beide weit von Gott entfernt und seinem Wege fremd.

MEISTER ECKEHART

Wandel und Werden

Was immer der Mensch auch geworden, als ein Lebendiger bleibt er im Wandel und Werden. Nur im Werden vermag er zu wachsen und Stufe um Stufe zu reifen. Reifen bedeutet Verwandlung, die das Gewordene aufhebt und im Vergehen zu weiterem Leben entbindet. So wächst auch der Mensch in steter Wandlung zur Höhe, die ihn, reif geworden, befähigt, sich aufzugeben im anderen und Frucht zu bringen als Leib, Geist und Seele. Die Frucht des seelischen Reifens bewahrheitet die Einheit des Seins, die über das Dasein hinausreicht. Stufe um Stufe kündet seelisches Reifen den Weg, der uns der Not des Daseins enthebt. Nur insofern sich der Mensch dem Zug seines Wesens erschließt, der ihn aus der Verschanztheit des im Selbst-Sein in die Einheit des Lebens beruft, gewinnt er die Frucht seiner Seele. Unterliegt er dem Bann, der ihn in seine Schale einschließt, dann bleibt ihm die Befreiung versagt, nach der sein Wesen sich sehnt.

KARLFRIED GRAF DÜRCKHEIM

Japanische Kirschblüte

So fremd, so fremd, ach,
Das Haus wo ich geboren,
Heut im Frühling.

ISSA

Ganz überraschend
Kommt auch die Kirschenblüte
In einer Mondnacht.

MICHIHIKO

Es fliegt der Falter
Zum Grün des Kirschbaums auch nur –
Am Seil des Innern.

ISSA

Elegie

O weh, wohin sind alle meine Jahre verschwunden?
Hab ich mein Leben geträumt, oder ist es wahr?
Was ich immer für etwas hielt, war das etwas?
Ich habe geschlafen, ohne es zu wissen.
Nun bin ich erwacht, und mir ist unbekannt,
was mir einst wie meine zweite Hand vertraut war.
Land und Leute, wo ich aufgewachsen bin,
sind mir fremd geworden, als wäre alles erlogen.
Die meine Gespielen waren, sind unbeweglich und alt.
Verödet ist das Feld, zerstört ist der Wald.
Wenn nicht das Wasser flösse, wie es ehdem floß,
ich könnte meinen, ich sei in eine Katastrophe geraten.
Mancher grüßt mich zögernd, der mich einst gut kannte.
Die Welt ist allenthalben voll Mißgunst.
An so manchen, glücklichen Tag muß ich denken,
der verloren ist, wie ein Schlag ins Meer:
für immer, o weh!

WALTHER VON DER VOGELWEIDE

Vom Erwachen

Wir sind im Begriff, zu erwachen,
wenn wir träumen, daß wir träumen.

NOVALIS

Nur wirkliche Gefühle besitzen die Macht,
sich auf unbelebte Materie zu übertragen.

SIMONE WEIL

Aus meinem Fleisch das hungert
und meinem Mund der weiß
kommt die Form die ich suche
für die Vernunft.

AUDRE LORDE

Chinesische Heiterkeit

Die fröhliche Stimmung wirkt ansteckend, darum hat sie Erfolg. Aber die Freude bedarf als Grundlage der Beständigkeit, damit sie nicht zu unbeherrschter Lustigkeit ausartet. Wahrheit und Stärke müssen im Herzen wohnen, während die Milde nach außen im Verkehr zutage tritt. Auf diese Weise nimmt man Gott und den Menschen gegenüber die rechte Stellung ein und erreicht etwas. Durch bloßes Einschüchtern ohne Milde läßt sich unter Umständen für den Augenblick etwas erreichen, aber nicht für die Dauer. Wenn man dagegen durch Freundlichkeit die Herzen der Menschen gewinnt, so bewirkt man, daß sie alle Beschwerden gern auf sich nehmen, ja wenn es sein muß, selbst den Tod nicht scheuen. So groß ist die Macht der Freude über die Menschen.

Orakelbild 58
Aus dem I Ging

So bin ich nur als Kind erwacht

So bin ich nur als Kind erwacht,
so sicher im Vertrauen,
nach jeder Angst und jeder Nacht
dich wieder anzuschauen.

Ich weiß, so oft mein Denken mißt,
wie tief, wie lang, wie weit –:
du aber bist und bist und bist,
umzittert von der Zeit.

Mir ist, als wär ich jetzt zugleich
Kind, Knab und Mann und mehr.
Ich fühle nur, der Ring ist reich
durch seine Wiederkehr.

RAINER MARIA RILKE

Inneres Heitersein

Heitersein ist des Herzens ursprüngliches Wesen. Wenn auch dieses Heitersein nicht mit der gefühlsmäßigen Freude übereinstimmt, so liegt es doch in ihrem Bereich. Obwohl die heiligen Menschen und die Hervorragenden ein besonderes, echtes Heitersein haben, so ist dieses in den gewöhnlichen Menschen auch angelegt, aber sie kennen es nicht, weil sie selber sich Sorgen und Kümmernisse suchen, selbst ihre Verwirrungen, selbst ihre Entsagungen vermehren. Wer wann auch immer in Sorgen, in Kummer, Verwirrungen und Entsagungen gezogen wird: Dieses Heitersein erhält sich im Innern; aber nur für die bleibt es als solches verfügbar, die sich beim Aufkommen jedes Gedankens ihrer Person zuwenden und ihr Wahrhaftigsein überprüfen.

Konfuzius

Im Sein

In dem Moment, in dem der Mensch sein *Selbst* von der Umwelt trennt, und nur in diesem Moment, entsteht die bewußte Furcht vor dem Tod. Die wahren Menschen von früher fürchteten den Tod nicht, und zwar nicht deshalb, weil sie zu dumm waren, um es besser zu wissen, sondern weil sie *Leib und Seele überschreitend* ewig mit dem Unendlichen eins waren. Und der wahre Mensch ist in Wirklichkeit das eigene wahre Selbst, das eigene Bewußtsein von der All-Einheit.

KEN WILBER

Zwang und Zeit

Ich bin gekommen als Zeit, Verheererin der Völker,
Bereit für die Stunde, die ihrem Untergang reift.

BHAGAVAD-GITA

Der Mensch lebt nicht in der Gegenwart, sondern beklagt mit nach rückwärts gerichtetem Blick die Vergangenheit oder stellt sich, ungeachtet des Reichtums, der ihn umgibt, auf die Zehenspitzen, um die Zukunft vorherzusehen. Er kann nicht glücklich und stark sein, bis er auch mit der Natur in der Gegenwart lebt – über die Zeit.

RALPH WALDO EMERSON

Wann des Lebens Schmetterling in der Puppe Tod erwacht,
Zeuget die geborstne Hülle, wie ihn Schmerz befreit.
Siehe, jede Zeitgeburt reißt nicht ohne Schmerz sich los;
Wäre Liebe ohne Schmerz, die Geburt der Ewigkeit?

MEWLANA DSCHELALEDDIN RUMI

Noch mehr über die Nichtzeit

Dieses *Leben in der zeitlosen Gegenwart*, dieses *Nur-auf-den-gegenwärtigen-Moment-Achten*, hat nichts mit dem weitverbreiteten psychologischen Trick zu tun, gestern und morgen einfach zu vergessen. Die Mystiker sagen nicht, wir sollten dadurch in der Gegenwart leben, daß wir Vergangenheit und Zukunft vergessen oder versuchen, sie zu ignorieren.

Sie sagen – und zunächst wird dies noch schlimmer klingen –, *Vergangenheit und Zukunft gibt es nicht*. Denn Vergangenheit und Zukunft sind einfach nur illusorische Produkte einer symbolischen Grenze, die dem ewigen Jetzt auferlegt wird, einer symbolischen Grenze, die die Ewigkeit in die Gegensatzpaare gestern–morgen, vorher–nachher, vergangene Zeit–zukünftige Zeit zu spalten scheint. Die Zeit ist also als Grenze, die der Ewigkeit auferlegt wird, kein Problem, von dem man sich befreien muß, sondern eine Illusion, die von vornherein nicht existiert.

KEN WILBER

Von der Verwandlung des Leibes

Am Anfang aller Verwandlung steht das Bereitwerden zum Spüren, Ernstnehmen, Annehmen und Zulassen der Gestimmtheiten und Impulse, in denen das Wesen sich auftut. Diese Verwandlung betrifft immer den Menschen als ganzen. Einmal muß das wirklich begriffen werden, was es bedeutet: Sich selbst und den anderen ernst zu nehmen in der Ganzheit, Tiefe und Einheit des personalen Subjekts. Dann erst wird man sich in der rechten Weise sowohl um die Bereinigung des inneren Lebens als auch um die Richtigstellung der äußeren Haltung bemühen. Hat man aber verstanden, daß Physis und Psyche nur zwei Seiten sind der Weise, in denen sich das Subjekt immer zugleich innert und äußert, so weiß man, daß man, wo immer man am Inneren ansetzt, den Leib mitverändert und, wo immer man den Leib verändert, zugleich eine innere Veränderung herbeiführt.

Ohne Fühlung mit dem Wesen läuft alle Übung in die Irre und mündet in der Sackgasse einer Selbstdisziplin, die um weltlich verstandener »Gesundheit und Tugend« willen die Wesenswahrheit verdrängt.

KARLFRIED GRAF DÜRCKHEIM

An den Schüler Alexander den Großen

Ich sage dir also, daß der Körper die Urteilskraft nachbildet. Wenn also der Körper verwahrlost, verwahrlost die Urteilskraft. Und es ist ein Begehren der Geburt, in allem was entsteht, daß die Natur der Planeten gefestigt wird, die im Bereich des Geborenen sind. Und wenn er hart beladen ist, da die Erzeuger und Eltern eine andere Natur der Wissenschaft lehren, kommt die Natur um so stärker über diesen und lehrt ihn die mit ihm übereinstimmende Wissenschaft.

ARISTOTELES

Die Kraft der Selbstheilung

Es gibt keine Heilmittel und auch keine Heilkräfte, die man in den Körper hineinschütten könnte. Heilen kann nur einer: Es ist der unfaßbar kundige und unbegrenzt tüchtige Heilmeister in uns. Er ist imstande, alles zu kurieren. Wenn ein Mensch krank wird, dann nur, weil der innere Heilmeister durch ein falsches Leben geschwächt und behindert wurde. Wenn ich heilen will, kann ich nichts anderes tun, als ihm zu Kräften zu verhelfen. Das ist genauso, wie wenn ich eine halb erloschene Glut wieder entfachen will. Ich brauche dazu kein Feuer, sondern nur einen winzigen Funken. Ein Funke genügt dann auch, einen ganzen Wald in Brand zu setzen. Suche den Funken, der das Feuer Deiner Heilkraft in Dir entzündet!

PARACELSUS

Reinheit

O Bruder!
Dein wahres Wesen
besteht nur aus deinem Denken.
Das übrige in dir
ist nur Knochen und Fasern.
Wenn du blumenhaft denkst,
wirst du zu einem Blumengarten,
und wenn du dornenhaft denkst,
wirst du zu einem Brennholz.

MEWLANA DSCHELALEDDIN RUMI

Heilkraft durch Blumensprache

Alle, die krank sind, sollen wissen: Krankheit hätte niemals die Macht gewinnen können, die sie heute besitzt, wenn der Mensch sich nicht von dem natürlichen Schutz gegen Krankheit, nämlich den heilenden Pflanzen auf dem Felde, abgewendet hätte. Weiterhin gibt es in jenen Menschen, die wirklich das Verlangen haben, gesund zu werden, keine Krankheit, die der Macht des Gegenmittels trotzen kann, das in der richtigen Pflanze zu finden ist. Die Krankheit hat nicht mehr Macht, in Anwesenheit des richtigen Krautes zu bestehen, als die Dunkelheit, in einem Raum zu bleiben, dessen Fenster dem Sonnenlicht weit geöffnet werden.

Obwohl wir unsere Abkehr von der Heilweise der Natur mit einem großen Maß heute verbreiteter Krankheit büßen, wartet die Natur doch geduldig, und wir brauchen uns nur nach ihr umzuwenden, um Linderung unseres Leidens zu finden.

DR. EDWARD BACH

Innere Konflikte als Ursache von Erkrankung

Wir erkennen, daß *jede* Art von Krankheit, an der wir leiden mögen, uns zur Entdeckung eines Fehlers führen kann, der ihr zugrunde liegt. Stolz zum Beispiel, die Frucht von Arroganz und Starrheit im Denken, wird Krankheiten erzeugen, die Starrheit und Steifheit im Körper mit sich bringen. Schmerz ist die Folge von Grausamkeit; durch ihn lernt der Patient am eigenen Leiden, andern kein Leid zuzufügen, sei es körperliches oder seelisches. Die Strafe für Haß besteht in Einsamkeit, heftigen, unbeherrschten Temperamentsausbrüchen, nervlichen Belastungen und hysterischen Zuständen. Die Krankheiten des Sich-nach-innen-Wendens – Neurose, Neurasthesie und ähnliche –, die dem Leben so viel von seiner Freude nehmen, sind durch zu starke Eigenliebe verursacht. Unwissenheit und mangelnde Klugheit führen unmittelbar zu Schwierigkeiten im Alltagsleben; weigert man sich darüber hinaus beharrlich, die Wahrheit zu sehen, wenn sich die Gelegenheit bietet, sind Kurzsichtigkeit und Beeinträchtigung von Sehkraft und Hörvermögen die natürlichen Konsequenzen. Ein labiles Gemüt führt zwangsläufig zu der gleichen Eigenschaft im Körperlichen, das heißt zu verschiedenen Störungen, die Bewegung und Koordination beeinträchtigen. Die Folge von Habgier und Herrschsucht sind Krankheiten, die den Leidenden zum Sklaven seines eigenen Körpers machen, seine Absichten und Wünsche werden durch die Krankheit gezügelt und behindert.

DR. EDWARD BACH

VIII.

Vom Verstehen

Das Gleichgewicht

Acht ist die Zahl des Gleichgewichts, die Zahl der Gerechtigkeit und des Ausgleichens. Die zwei Kreise der 8 weisen auf harmonische Balance hin, sie zeigen uns die zwei Schalen einer Waage im Gleichgewicht.

Die Summe der Erfahrungen aus den sieben zu meisternden Lebensaufgaben, symbolisiert durch die sieben Todsünden, werden in der Acht in den Schalen des Ausgleichs gewogen. Wir selbst bilden im Leben unsere eigenen karmischen Gesetze. Karma ist das Gesetz des Ausgleichs, der Gerechtigkeit und Balance. In diesem Sinn ist Acht auch die Zahl der Wachsamkeit und Klugheit. In unserer Sprache steckt die Acht in den Wörtern Achtsamkeit, achtgeben, Achtung oder Achtlosigkeit. Ohne Acht sein, bedeutet ohne Aufmerksamkeit und ohne Bewußtsein gegenüber den Gesetzen des Ausgleichs. Gutes oder schlechtes Karma erschaffen wir durch Gedanken, Verhalten und Tun.

Vom Urteilen

Kein Mensch kann das beim andern sehen
und verstehen, was er nicht selbst erlebt hat.

Jeder Mensch ist etwas Persönliches und
Einmaliges, und an Stelle des persönlichen
Gewissens ein kollektives setzen zu wollen,
das heißt schon Vergewaltigung
und ist der erste Schritt zu allem Totalitären.

HERMANN HESSE

Großer Geist

Großer Geist, bewahre mich davor,
über einen Menschen zu urteilen,
ehe ich nicht eine Meile in seinen Mokassins
gegangen bin.

Spruch der Apachen-Indianer

Die Toten nähren sich von Urteilen,
die Lebenden von Liebe.

Elias Canetti

Über die Gerechtigkeit

Man sollte nicht den Respekt vor dem Gesetz pflegen, sondern vor der Gerechtigkeit. Nur eine einzige Verpflichtung bin ich berechtigt einzugehen, und das ist, jederzeit zu tun, was mir recht erscheint. Man sagt, daß vereinte Masse kein Gewissen hat – und das ist wahr genug; gewissenhafte Menschen aber verbinden sich zu einer Vereinigung *mit* Gewissen. Das Gesetz hat die Menschen nicht um ein Jota gerechter gemacht; gerade durch ihren Respekt vor ihm werden auch die wohlgesinnten jeden Tag zu Handlangern des Unrechts.

HENRY DAVID THOREAU

Vom Verurteilen

Verleumderische Zungen. Verflucht soll sein die dritte Zunge; denn viele, die in Frieden lebten, hat sie umgebracht.
Schon viele hat die dritte Zunge heimatlos gemacht und sie von einem Volk zum andern Volk vertrieben. Sie hat schon feste Städte ganz zerstört und großer Herren Häuser eingerissen.

Bewährte Frauen hat die dritte Zunge fortgejagt und sie beraubt der Früchte ihrer Arbeit.
Wer auf sie achtet, findet keine Ruhe und kann in Frieden nimmer wohnen.
Geißelhieb verursacht eine Strieme, doch Zungenhieb zerschmettert Knochen.
Schon viele sind gefallen durch des Schwertes Schärfe, doch mehr noch sind gefallen durch die Zunge.
Glücklich, wer vor ihr geborgen ist und ihrem Grimme nicht zum Opfer fällt, wer nicht an ihrem Joche ziehen muß und nicht gebunden ist mit ihren Stricken.

JESUS SIRACH
28,13–19
DAS ALTE TESTAMENT

Die Stimme

Für mich ist die Stimme Gottes die Stimme des Gewissens, die Stimme der Wahrheit, die innere Stimme, die immer noch kleine, große Stimme.

Einige denken, daß Gott selbst eine Schöpfung unserer Einbildung ist. Wenn diese Anschauung richtig ist, dann ist nichts wirklich, dann ist alles unsere Einbildung. Und selbst wenn es so ist, daß ich unter der Herrschaft meiner Einbildung stehe, so bin ich doch nur in diesem jetzigen Bewußtsein in der Lage zu handeln. So wirklich auch Dinge sind, sie sind es nur relativ. Für mich war die innere Stimme mehr wirklich als meine eigene Existenz. Sie hat mich nie im Stich gelassen.

MAHATMA GANDHI

Wünsche

Es gibt im Leben zwei Tragödien:
Die eine liegt darin,
daß einem der tiefste Wunsch versagt bleibt.
Die andere liegt gerade in seiner Erfüllung.

George Bernard Shaw

Die meisten Menschen
stellen Bedingungen ans Glück.
Doch Glück
kann nur empfinden,
wer keine Bedingungen stellt.

Arthur Rubinstein

Wer andre kennt ...

Wer andre kennt, ist klug.
Wer sich selber kennt, ist weise.
Wer andere besiegt, hat Kraft.
Wer sich selber besiegt, ist stark.
Wer sich durchsetzt, hat Willen.
Wer sich genügen läßt, ist reich.
Wer seinen Platz nicht verliert, hat Dauer.
Wer auch im Tode nicht untergeht, der lebt.

LAOTSE

Schicksalsschläge

Es ist eine universelle Erfahrung, daß jeder Schicksalsschlag einen fühlsamen Menschen auf die Knie bringt. Er denkt dann, daß der Schicksalsschlag Gottes Antwort auf seine Sünden ist und daß er sich fortan besser betragen muß. Seine Sünden haben ihn in einem hoffnungslos schwachen Zustand zurückgelassen, und in seiner Schwäche ruft er Gott um Hilfe an. Auf diese Art haben sich Millionen Menschen ihre Schicksalsschläge zunutze gemacht, um bessere Menschen zu werden.

MAHATMA GANDHI

Freundschaft

Es gibt unzählige Grade von Torheit und Weisheit, und es ist leichtsinnig von dir, irgend etwas zu sagen. Warte, und dein Herz wird sprechen. Warte, bis das Notwendige und Immerwährende dich überwältigt, bis der Tag und die Nacht sich deiner Lippen bedienen. Der einzige Lohn der Tugend ist Tugend; der einzige Weg, einen Freund zu haben, ist der, selbst ein solcher zu sein. Du wirst einem Menschen nicht dadurch näherkommen, daß du in sein Haus gelangst. Ist er dir unähnlich, flieht seine Seele nur um so schneller vor dir, und nie wirst du einen wahren Blick aus seinem Auge auffangen.

RALPH WALDO EMERSON

Vom Gewissen

Die Gesellschaft hat nicht die Mittel, um einen weisen Mann zu bestechen. Vielleicht kannst du Geld auftreiben, um einen Tunnel durch einen Berg zu bauen, aber du kannst nicht genug Geld auftreiben, um einen Menschen anzustellen, der sich *um sich selbst* kümmert. Ein tüchtiger und wertvoller Mensch tut, was er kann, ob die Gesellschaft ihn bezahlt oder nicht. Die Untüchtigen überlassen ihre Untüchtigkeit dem, der am höchsten bietet, und sie erwarten ständig, in ein Amt eingesetzt zu werden. Man kann sich vorstellen, daß sie selten enttäuscht worden sind.

HENRY DAVID THOREAU

Nachtlied

Des Unbewegten Odem. Ein Tiergesicht
Erstarrt vor Bläue, ihrer Heiligkeit.
Gewaltig ist das Schweigen im Stein;

Die Maske eines nächtlichen Vogels. Sanfter Dreiklang
Verklingt in einem. Elai! dein Antlitz
Beugt sich sprachlos über bläuliche Wasser.

O! ihr stillen Spiegel der Wahrheit.
An des Einsamen elfenbeinerner Schläfe
Erscheint der Abglanz gefallener Engel.

GEORG TRAKL

Vom Einordnen

Lob und Tadel bedeuten beide nichts. Nein, so angenehm der Zeitvertreib des Messens sein mag, es ist die unfruchtbarste aller Beschäftigungen, und sich den Vorschriften der Maßnehmer zu unterwerfen, ist die servilste aller Haltungen. Solange man schreibt, was man zu schreiben wünscht, ist nur das allein wichtig; und ob es nun für lange Zeit wichtig ist oder nur für Stunden, kann niemand sagen. Aber auch nur ein Haar vom Kopf deiner Vision, eine Schattierung ihrer Farbe aus Rücksichtnahme auf einen Rektor mit einem Silberpokal in der Hand oder auf einen Professor mit einem Zollstock im Ärmel zu opfern, ist der verächtlichste Verrat; und die freiwillige Aufgabe von Wohlstand und Keuschheit, von der gesagt wird, daß sie die größte menschliche Katastrophe sei, ist im Vergleich dazu ein winziger Flohbiß.

VIRGINIA WOOLF

Vom Ich und den Anderen

Der Krieg ist nicht das Urfaktum der Begegnung; aber auch der Frieden nicht, versteht man darunter die spontane Sympathie der Herzen oder die glückliche Begegnung brüderlicher Seelen, die sich begrüßen und miteinander sprechen. Die soziale Beziehung ist das Wunder des Aus-sich-Herausgehens, und erst in zweiter Linie schwankt sie zwischen den beiden Polen Harmonie und Krieg. Bevor ein Anderer die entfremdete Macht ist, ist das Ich bedroht, überfällt oder verhext, ist er die außergewöhnliche Macht, die das Angekettetsein des Ichs an sich selbst sprengt, die das Ich von sich selbst entlastet, die Langeweile und Beschäftigung des Ichs mit sich selbst aufhebt und so den Existierenden vom Gewicht seiner eigenen Existenz befreit. Bevor ein Anderer Blick ist, ist er Antlitz.

ALAIN FINKIELKRAUT

Der Andere ist für mich der, der mir mein Sein gestohlen hat, und zugleich der, der es bewirkt, daß es ein Sein gibt, welches mein Sein ist.

JEAN PAUL SARTRE

Brief an eine Freundin

Ihr Ausdruck, daß es scheine, als ob die Gottheit ihren Segen nur in reine Gefäße ergieße, hat mir ungemein gefallen. Der Mensch vermag diesen Segen, wenn er ihm entsteht, nicht herbeizuzaubern. Daß dieser Segen wirklich mit den Menschen zusammenhängt auf unsichtbare und geheimnisvolle Weise, das glaube ich Ihnen. Aber die Begriffe von Glück und Unglück sind selbst bei denen, die richtige Ideen zu haben pflegen, so unbestimmt und so irrig, daß ich von früh an immer gestrebt habe, mir darüber ganz klar zu werden, und wie ich dahin gelangt bin, habe ich gefühlt, daß man des Glückes, bis auf einen gewissen Grad wenigstens, immer sicher ist, sowie man sich von den äußeren Umständen unabhängig macht, sowie man lernt, Freude aus allem Erfreulichen in Menschen und Dingen zu ziehen, aber in Menschen und Dingen nichts eigentlich zu bedürfen.

WILHELM VON HUMBOLDT
AN CHARLOTTE HILDEBRAND

Wer da ein Herz hat …

Wer da ein Herz hat,
Der werfe das Auge weg,
Dann wird er schauen.

Arabische Spruchweisheit

Staune und Du
wirst verstehen.

Talmudische Spruchweisheit

Über das Älterwerden

Wenn man es richtig versteht, alt zu werden,
so geschieht es keineswegs so,
wie die meisten glauben.
Es ist durchaus kein Schrumpfen,
sondern ein Wachsen.
Das Alter schenkt eine Klarheit,
deren die Jugend völlig unfähig ist,
und eine Heiterkeit,
die der Leidenschaft bei weitem vorzuziehen ist.

MARCEL JOUHANDEAU

Die ärgste Sünde
an unseren Mitmenschen ist nicht,
sie zu hassen,
sondern gegen sie gleichgültig zu sein.

GEORGE BERNARD SHAW

Achtsamkeit des Herzens

Herz bedeutet das Zentrum unseres Wesens, in dem wir wahrhaftig *eins* sind. Eins mit uns selbst, nicht aufgespalten in Verstand, Wille, Gefühle, Körper und Geist, eins mit allen anderen Geschöpfen. Denn das Herz ist der Bereich, in dem wir nicht nur mit unserem innersten Selbst in Berührung sind, sondern gleichzeitig mit dem ganzen Dasein innigst vereint sind.
Hier sind wir auch vereint mit Gott, der Quelle des Lebens, welche im Herzen entspringt. Um mit dem Herzen zu horchen, müssen wir immer wieder zu unserem Herzen zurückkehren, indem wir uns die Dinge *zu Herzen nehmen*. Wenn wir mit dem Herzen horchen, werden wir Sinn finden, denn so wie das Auge Licht wahrnimmt und das Ohr Geräusche, ist das Herz das Organ für den Sinn.

DAVID STEINDL-RAST

Über den Traum der Maria Magdalena

Ich, sprach sie, ich sah den Herrn in einem Traum und sprach zu ihm: Herr, ich sah dich heute in einem Traum!
Er gab Antwort und sprach zu mir:
Segen über dich, da du nicht strauchelst bei meinem Anblick. Denn wie euer Herz ist, wird auch eure Kraft zu sehen sein.
Ich sprach zu ihm: Herr, sieht ein Mensch den Traum, den er sieht, durch die Seele oder durch den Geist?
Der Retter gab Antwort und sprach:
Er sieht weder durch die Seele noch durch den Geist, sondern durch die Mitte von beidem sieht der Traum durch den Sinn.

MARIA-MAGDALENA-EVANGELIUM
AUS DER GNOSIS

Vom Sin, dem chinesischen Herzen

Das Zeichen für Wesen (Sing) setzt sich zusammen aus Herz (Sin) und Entstehen, Geborenwerden (Schong). Das Herz (Sin) ist nach chinesischer Auffassung der Sitz des emotionellen Bewußtseins, das durch gefühlsmäßige Reaktion auf Eindrücke aus der Außenwelt durch die fünf Sinne geweckt wird. Das, was als Substrat übrigbleibt, wenn keine Gefühle sich äußern, was also noch sozusagen im jenseitigen, überbewußten, Zustand weilt: ist das Wesen.

Carl Gustav Jung

Ich hatte viele englische Wörter gelernt

Ich hatte viele englische Wörter gelernt
und konnte einen Teil der Zehn Gebote aufsagen.
Ich wußte, wie man in einem Bett schläft,
zu Jesus betet,
sich kämmt, mit Messer und Gabel ißt
und wie man die Toilette benutzt.
Ebenso hatte ich gelernt,
daß der Mensch mit dem Kopf denkt
und nicht mit dem Herzen.

SUN CHIEF, HOPI-INDIANER

Über den Raum im Herzen

Alles mit Ausschluß des Hauches und des Raumes im Herzen ist die körperhafte, sterbliche, stehende, seiende Erscheinungsform. Von dieser körperhaften, dieser sterblichen, dieser stehenden, dieser seienden ist das Auge die Essenz; denn es ist die Essenz des Seienden.

Hauch und Raum im Herzen, das ist die körperlose, unsterbliche, gehende, jenseitige Erscheinungsform. Von dieser körperlosen, dieser unsterblichen, dieser gehenden, dieser jenseitigen ist der Geist, der Purusha, im rechten Auge die Essenz; denn es ist die Essenz von dem Jenseitigen.

Die Gestalt dieses Geistes Purusha ist wie ein safrangefärbtes Gewand, wie ein weißes Schaffell, wie ein Indragopakäfer, wie eine Feuerflamme, wie eine Lotusblüte, wie ein einmaliges Aufblitzen. Wer so weiß, dem wird wie ein einmaliges Aufblitzen Glück zuteil.

Aus den Upanishaden

Die Hierophantin spricht

Und es geschah, daß das Herz und die Zunge
Macht erhielten über alle Glieder;
Denn wo wird gelehrt:
Daß Er war das Herz in aller Wesen Brust,
Und Zunge in aller Wesen Mund,
Aller Götter und aller Menschen,
Aller Tiere und alles Gewürm, was da lebet unter den Himmeln,
Sie haben Leben, weil Er als das Herz sie denkt,
Und Seiner Zunge Gebot schafft alles nach Seinem Willen.

So wurden erschaffen alle Geistwesenheiten in den Himmeln,
Und sie brachten hervor alle Nahrung und alle Speise
Durch die Kraft der Ur-Worte,
Die vom Herzen gedacht
Und von der Zunge ausgesprochen wurden.
Friede dem, der da tut, was das Herz befiehlt.
Untergang dem, der da tut, was das Herz verabscheut.
Das Leben für den Friedfertigen!
Tod dem Widersacher!

Aus: Das heilige Drama von Memphis
Ägyptische Mysterien

Das Denken des Herzens

Die Seele ist also die Hausherrin ihres Leibes, in dem Gott alle Wohnungen, die jene in Besitz nehmen sollte, gebildet hat. Und keiner kann sie sehen, wie auch sie selber Gott nicht sieht, solange sie im Leibe bleibt, außer soweit sie ihn im Glauben sieht und erkennt. Und mit jedem Geschöpf, das von Gott hervorging, wirkt sie im Menschen. Und zwar so, wie die Biene in ihrem Gefäß die Wabe baut, so vollbringt auch der Mensch sein Werk gleichsam wie eine Wabe zusammen mit dem Wissen der Seele, die gewissermaßen wie Honigflüssigkeit ist. Und weil sie von Gott her gesandt ist, macht sie im Herzen die Gedanken flüssig und sammelt sie in der Brust. Und dann gehen diese in den Kopf und in alle Glieder des Menschen über. Auch die Augen durchdringt sie, denn sie sind ihre Fenster, durch die sie die Geschöpfe erkennt. Denn sie unterscheidet voll von der Vernünftigkeit im alleinigen Wort deren Kräfte. Von da aus vollbringt auch der Mensch all sein Werk gemäß dem Willen seiner Gedanken bis hin zu jedem einzelnen seiner Bedürfnisse. Denn wenn der Wind des Wissens der Seele im Gehirn in Bewegung gerät, steigt er hinunter vom Gehirn in die Regungen des Gemüts, und so wird das Werk des Willens vollbracht. Denn die Seele sät in ihrem Wissen, was als Werk der Gedanken erfüllt wird. Und jenes Werk wird durch das Feuer der Seele gekocht und zum Genuß verwandelt, durch den es bewußt geprüft wird.

HILDEGARD VON BINGEN

Einsichten ...

Man kann sechzig Jahre alt geworden sein,
ohne zu ahnen,
was ein Charakter ist.
Nichts ist verborgener
als die Dinge,
die wir beständig im Munde führen.

HUGO VON HOFMANNSTHAL

Wir erschrecken
über unsere eigenen Sünden,
wenn wir sie bei anderen erblicken.

JOHANN WOLFGANG VON GOETHE

Das Herz und die gegebenen Ordnungen wirken als Einheit

Obwohl das Herz nur einen Menschen beherrscht, so sind seine geistigen Kräfte im Sich-Leermachen doch hinreichend, sich um alle Ordnung unter dem Himmel zu kümmern. Obwohl die Ordnungen über alle Dinge verteilt sind, so sind doch ihre Anwendungen bis in die kleinsten Feinheiten nicht außerhalb eines Menschenherzens. Nun wird gefragt, wie es mit den Funktionen des Herzens steht. Dazu sage ich: Die Ordnungen kommen unbedingt zur Anwendung, warum müssen sie nun aber als Funktionen des Herzens wirksam werden? Seht her, in dem Organismus des Herzens sind die naturgegebenen Ordnungen vorbereitet. Es hat nichts, was nicht so ist, wie es sein müßte. Die Ordnungen sind ebenfalls in allen Dingen vorhanden – diese Ordnungen aber wirklich zu machen, das liegt nicht außerhalb eines Menschen Herzen. Obwohl die Ordnungen in den Dingen liegen, so werden sie für uns im Herzen erst wirklich. Gegebene Ordnungen finden sich in allen Dingen des Himmels und der Erde, und das Herz kümmert sich darum. Indem es sich darum kümmert, werden sie ihm in der Anwendung wirklich zu etwas im Herzen Wohnenden.

KONFUZIUS

Einsichten der Weisen

Man sieht ein,
daß es nicht der Beruf des Menschen ist,
Lämmer zu schlachten
und Steine zu zerschlagen,
sondern daß er geboren ist,
mit einer Rose in der Hand umherzugehen.

JEAN GIRAUDOUX

Erst im Alter wird man gut,
erst spät,
erst wenn die Reue kommt,
daß man es an Güte so oft hat fehlen lassen.

MARIE VON EBNER-ESCHENBACH

Du sollst das Nichts lieben

Du sollst das Nichts lieben,
du sollst das Etwas fliehen,
du sollst allein stehen
und sollst zu niemanden gehen.

Du sollst immer beschäftigt sein
und dich von allen Dingen frei machen.
Du sollst die Gefangenen befreien
und die Freien zwingen.
Du sollst die Kranken laben
und sollst selber keine Labung erhalten.
Du sollst das Wasser der Qual trinken
und das Feuer der Liebe mit dem Holz
der Tugenden entzünden,
dann wohnst du in der wahren Wüste.

MECHTHILD VON MAGDEBURG

Liebe ist Leben

Es ist mein fester Glaube, daß es die Liebe ist, die die Erde erhält, denn Leben ist nur dort, wo Liebe ist. Leben ohne Liebe ist der Tod. Liebe ist die Kehrseite jener Münze, deren Vorderseite die Wahrheit ist.

Der Haß sucht immerfort zu töten, aber die Liebe stirbt nie. Das ist der große Widerspruch zwischen den beiden. Was man durch Liebe erlangt, das behält man für alle Zeit. Was man aber durch Haß erlangt, das wird schnell eine Belastung, denn es macht den Haß größer. Es ist die Pflicht der Menschen, den Haß abzubauen und die Liebe wachsen zu lassen.

Mahatma Gandhi

Innere Fesseln

Klage nicht, daß du in Fesseln seist geschlagen,
Klage nicht, daß du der Erde Joch mußt tragen.
Klage nicht, die weite Welt sei ein Gefängnis;
Zum Gefängnis machen sie nur deine Klagen.
Frage nicht, wie sich dies Rätsel wird entfalten;
Schön entfalten wird sich's ohne deine Fragen.
Sage nicht, Liebe hat dich verlassen;
Wen hat die Liebe je verlassen? Kannst du's sagen?
Zage nicht, wenn dich der grimme Tod will schrecken;
Er erliegt dem, der ihn antritt ohne Zagen,
Jage nicht das flücht'ge Reh des Weltgenusses!
Denn es wird ein Leu und wird den Jäger jagen.
Schlage nicht dich selbst in Fesseln, Herz, so wirst du
Klagen nicht, daß du in Fesseln seist geschlagen.

MEWLANA DSCHELALEDDIN RUMI

Wir haben ein zu zartes Herz ...

In den stürmischen Tagen der Jugend glauben wir, daß die Einsamkeit der große Schutz vor den Risiken ist; das große Heilmittel für die Wunden des Kampfes. Das ist ein schwerer Fehler, und die Erfahrung des Lebens rät uns, daß dort, wo wir nicht in Frieden mit unseren Mitmenschen leben können, keine poetische Bewunderung noch künstlerisches Vergnügen besteht, die fähig wären, den Abgrund zu überbrücken, der sich tief in unserem Herzen auftut.
Ich hatte immer davon geträumt, in der Wüste zu leben, und jeder kindliche Träumer wird zugeben, irgendwann einmal das gleiche geträumt zu haben. Aber glaubt mir, Brüder: Wir haben ein zu zartes Herz, um ohne die anderen auszukommen. Und das Beste, was wir tun können, ist uns gegenseitig zu ertragen, denn wir sind diese Kinder, aus einem Schoß hervorgegangen, die einander belästigen, sich streiten und sogar schlagen, die aber doch nicht getrennt voneinander leben können.

GEORGE SAND

IX.

Vom Glauben

Die Weisheit

Die Zahl Neun gilt als Zahl der Weisheit und Symbolzahl neuen Lebens. Neun Monate Wachstum braucht das Kind im Leib der Mutter, bevor es eine andere Dimension des Seins betritt. Die Neun wird als heilige Zahl genannt, in der sich der dreifache Wille Gottes in dreifacher Synthese offenbart.

Die Zahl Neun weist hin auf Vollendung und Untrennbarkeit. Im kleinen Einmaleins ergibt die Multiplikation mit der Zahl Neun in jeder Quersumme der Ergebnisse wieder die Zahl Neun.

Neun Stufen der Jakobsleiter verbinden im Traum des Jakob die Erde mit dem Himmel, den Menschen mit dem Universum. Neun Stufen sind zu meistern, bis die Seele nach ihrem langen Weg der Transformation und des Wachsens in ihren Ursprung zurückkehren kann. Die Neun bedeutet auch die Weisheit des Alters, und sie weist hin auf die kommende Zahl Zehn, wo der Mensch durch den leiblichen Tod, als singuläre Eins, wieder zurückkehrt in die Ganzheit des Kreises, der Null, aus der er ursprünglich kam.

Gott suchen

Im praktischen Leben wird man kaum einen Menschen finden, welcher, wenn er nach Berlin fahren will, den Zug in Regensburg verläßt. Im geistigen Leben ist das Aussteigen in Regensburg eine ziemlich gewöhnliche Sache. Manchmal will sogar der Lokomotivführer nicht weiterfahren, und die sämtlichen Reisenden steigen in Regensburg aus. Wie viele, die Gott suchten, blieben schließlich bei einer geschnitzten Figur stehen.

WASSILY KANDINSKY

Mystische Erfahrung

Das tiefste und erhabenste Gefühl, dessen wir fähig sind, ist das Erlebnis des Mystischen. Aus ihm keimt alle Wissenschaft. Wem dieses Gefühl fremd ist, wer sich nicht mehr wundern und in Ehrfurcht verlieren kann, der ist bereits tot. Das Wissen darum, daß das Unerforschliche wirklich existiert und daß es sich als höchste Wahrheit und strahlendste Schönheit offenbart, wovon wir nur eine dumpfe Ahnung haben können – dieses Wissen und diese Ahnung sind der Kern aller Religiosität. In diesem Sinne, und in diesem allein, zähle ich mich zu den religiösen Menschen.

ALBERT EINSTEIN

Der Geist, dem alle Götter huldigen ...

Der Geist, dem alle Götter huldigen,
wohnt mitten unter uns.

AUS DEN UPANISHADEN

Mitten unter euch steht der,
den ihr nicht kennt.

JOHANNES-EVANGELIUM, 1,26

Die verstehen es nicht,
die es zu verstehen glauben;
es wird von denen verstanden,
die es nicht begreifen.

AUS DEN UPANISHADEN

Ich ließ mich von denen finden,
die mich nicht suchten;
ich ward denen offenbar,
die nicht nach mir fragten.

JESAJA 65,1
DAS ALTE TESTAMENT

Gott hat viele Erden

Gott existiert, auch wenn Ihn die ganze Welt verleugnet. Gott hat nicht nur unsere kleine Erde, sondern Millionen und Milliarden solcher Erden. Wie können wir kleinen Geschöpfe, die wir in dieser ungeheuren Hilflosigkeit, in der Er uns erschaffen hat, auf der Erde herumkriechen, Seine Größe ermessen, Seine unermeßliche Liebe und Sein unendliches Mitleid? So groß sind Seine unendliche Liebe und Sein Mitleid, daß Er den Menschen erlaubt, Ihn unverschämt zu verleugnen, über Ihn zu streiten und ihren Mitmenschen die Kehle durchzuschneiden. Wie können wir die Größe eines Gottes ermessen, der so verzeihend und so heilig ist? Er gibt uns Freiheit, und doch befiehlt uns Sein Mitleid, daß wir Seinem Willen gehorchen.

MAHATMA GANDHI

Indianisches Lied

Die Sonne, das Licht der Welt, ich höre sie kommen.
Ich schaue ihr Antlitz, da sie kommt,
sie beglückt die Wesen der Erde, und sie freuen sich.
O großer Geist, Dir biete ich diese Lichtwelt dar!

Ich höre ihn kommen. Ich schaue sein Antlitz.
Dein Tag ist geheiligt. Dir schenke ich ihn.
Ich höre ihn kommen. Ich sehe sein Antlitz.
An diesem heiligen Tag ließest Du den Bison herumstrei-
fen.
Du hast einen glücklichen Tag für die Welt geschaffen.
Ich bringe Dir alles dar.

Altvater, ich erhebe meine Stimme zu Dir.
Altvater, ich erhebe meine Stimme zu Dir.
Mit dem ganzen Weltall schicke ich meine Stimme zu Dir,
auf daß ich lebe.

SCHWARZER HIRSCH
OGALALLA-SIOUX

Mein Gott

Mein Gott ist vielgestaltig, manchmal
trägt er einen Schnurrbart und knappe
Unterhosen, raucht eine Davidoff
und fragt mich, ob ich gekommen bin.

Gott ist mein Wohlbefinden.
Gott ist die Wärme in meinem Rücken.

Gott ist, wenn es uns gutgeht.

BRIGITTE SCHWAIGER

Was Gott Hildegard von Bingen über die Gottessuche erzählt

»Viele suchen Mich mit hingegebenem, reinem und einfältigem Herzen und halten Mich fest, wenn sie Mich gefunden haben. Viele aber wollen ihr Spiel mit Mir treiben. Ohne Anstrengung der Seele und des Denkens wollen sie an Mich herantreten. Sie überlegen nicht, daß sie Mich zuerst anrufen und das Sinnen ihres Leibes erwägen sollten. Sie wollen Mich nur in Besitz nehmen. Wie ein aus schwerem Schlafe Erwachender stürzen sie sich in der plötzlichen Aufwallung des Truges und der Täuschung auf den Weg der Heiligkeit, so wie sie ihn sich selber ausdenken. Sie nehmen Mein Joch auf sich, die einen durch die Abschüttelung weltlicher Geschäfte, die anderen durch Enthaltsamkeit im Fleische, wieder andere durch züchtige Jungfräulichkeit. Sie bilden sich ein, alles zu können, was sie vorhaben. Sie wollen nicht zusehen, wer und was sie sind oder was sie leisten können, noch sich zum Bewußtsein bringen, wer sie gebildet hat und wer ihr Gott ist. Gott soll ihr Diener sein, der all ihr Begehren ausführen muß. Solcher Anmaßung gebe Ich Meine Gnade nicht. Ich will nicht einen leeren Acker besäen in einem Menschen, der in solch eitlem Beginnen sich mit Mir vereinigen will, als wenn er wie ein Fremdling Mich nicht kennte. Sein Fuß wird häufig straucheln. Einem solchen sage Ich: O Mensch, warum hast du nicht den Acker deiner Seele besichtigt und die unnützen Kräuter, Dornen und Disteln ausgerissen? Mich hättest du anrufen und über dich selbst nachdenken sollen, bevor du, ohne Selbsterkenntnis wie ein Trunkener und Wahnsinniger zu Mir kamst, denn kein Werk des Lichtes vermagst du ohne Meine Hilfe zu vollbringen. Wenn du

Mich so in Überstürzung, gleichsam im Schlafe gesucht hast, wird Überdruß in Meinem Dienste dich erfassen. Du wirst dich des früheren Schlafes erinnern, in dem du in deinen Gewohnheitssünden darniederlagst, und ungeheilt, des Guten unkundig, ohne Hilfe und Tröstung des Heiligen Geistes zu deinen alten Freveln zurückkehren. Und wen hattest du dir dabei zum Führer und Helfer gesucht? Deine eigene lug- und trugvolle Seele, die dich töricht in die Trockenheit führte, ohne die grünende Lebensfrische und die Beherzigung der Selbsterkenntnis. Vergessen hatte sie, daß du nichts Gutes ohne Mich tun kannst. Und was hast du dann? Wahrhaftig! Elend und leer wirst du stürzen vor Mir und allem Volke. Wie unnützer Staub wirst du zertreten. Denn was ist dir möglich wider Mich? Nichts. Aber was vermagst du mit Mir? Die lichtesten Werke, die da heller glänzen als der Glanz der Sonne und süßer sind als Honig und Milch für den, der danach verlangt. Denn wenn du Mich mit dem innersten Erkennen deiner Seele suchst, wie du in der Taufe durch den Glauben belehrt worden bist, tue Ich dir dann nicht alles, was du begehrst?«

HILDEGARD VON BINGEN

Der Einladende

»Kommt her, kommet her, alle, alle, die ihr mühselig seid und beladen, oh, kommt her, sieh, er lädt euch ein, er tut seine Arme auf!« Oh, wenn ein gepflegter Mann in seidenem Talar dies sagt mit angenehmer, wohllautender Stimme, so daß es anmutig widerhallt in den ziervollen Wölbungen, ein Seidenmann, der Ehre und Ansehen darüber breitet, daß man ihn hört; oh, wenn ein König in Purpur und Sammet dies sagt, im Hintergrunde den Weihnachtsbaum, daran all die herrlichen Kostbarkeiten hängen, die er auszuteilen gedenkt; ja, nicht wahr, dann hat es doch Sinn? Was aber auch dein Sinn, deine Meinung darüber sei, soviel ist sicher, Christentum ist es nicht, es ist gerade das Gegenteil davon, dem Christentum so stracks entgegen, wie es nur möglich ist; denn vergiß nicht den Einladenden.

Und so urteile selbst – denn das ist dir erlaubt; hingegen ist es den Menschen eigentlich nicht erlaubt, das zu tun, was sie so oft tun, sich selbst zu betrügen.

SÖREN KIERKEGAARD

O *du gießender* Gott

O du gießender Gott in deiner Gabe!
O du fließender Gott in deiner Liebe!
O du brennender Gott in deinem Begehren!
O du schmelzender Gott in der Vereinigung mit
meinem Leib!
O du ruhender Gott an meinen Brüsten!
Ohne dich kann ich nicht mehr sein.

O du schöne Rose im Dorne!
O du fliegende Biene im Honig!
O du reine Taube in deinem Sein!
O du schöne Sonne in deinem Schein!
O du voller Mond in deinem Stande!
Ich kann nicht von dir lassen.

Du bist mein Lagerkissen,
mein Minnebett,
meine heimlichste Ruhe,
meine tiefste Sehnsucht,
meine höchste Herrlichkeit.
Du bist eine Lust meiner Gottheit,
ein Trost meiner Menschheit,
ein Bach meiner Hitze.

Du bist mein Spiegelberg,
meine Augenweide,
Verlust meines Selbst,
Sturm meines Herzens,
Fall und Versinken meiner Kraft,
meine höchste Sicherheit.

MECHTHILD VON MAGDEBURG

George Bernard Shaw an die Benediktinerin Laurentia

Gott paßt die Form der Offenbarung den Kräften, Fähigkeiten und Kenntnissen seiner Geschöpfe an. Wir können doch beispielsweise nicht annehmen, Gott würde Johanna (Jeanne d'Arc) den Spott angetan haben, ihr eine schriftliche Botschaft zu schicken, die sie gar nicht lesen konnte; und das wäre schließlich nicht weniger unvernünftig gewesen, als ihr einen Boten zu schicken, an dessen Existenz sie nicht glaubte. Die göttliche Inspiration benutzt den Weg des geringsten Widerstandes. Ob man nun glaubt, die Boten seien wirkliche Personen oder Illusionen – in beiden Fällen verliert die Inspiration nicht von ihrem göttlichen Charakter. Ich muß das offenlassen, um das Interesse der Freigeister wachzuhalten, die sonst das Kind mit dem Bade ausschütten und die Inspiration mitsamt der Objektivität der Vision ablehnen würden.

GEORGE BERNARD SHAW

Über den Dogmatismus

Ich weiß durchaus, daß der Katholizismus viel kühnere philosophische Spekulationen hervorgebracht hat als der Protestantismus. Und was noch wichtiger ist: Kein Rationalismus ist so rationalistisch wie der katholische Rationalismus. Wenn Ihr französischer Mönch behauptet, der Protestantismus zerstöre das Gehirn, so will er wohl damit sagen, der Protestantismus leite den Menschen an, die Grenzen der Vernunft zu sprengen; genauso machen es die Mathematiker, die, wenn sie mit möglichen Größen nicht weiterkommen, unmögliche Größen wie die Quadratwurzel von – x einführen. Ich war bereits mit vierundzwanzig Jahren, als ich meinen zweiten Roman abschloß, am Ende des Rationalismus angelangt, und es hätte für mich ein tödliches Ende bedeutet, wäre ich nicht zu rein mystischen Eingebungen durchgedrungen. Dadurch zerstörte ich vielleicht mein Gehirn; aber Inspiration füllte den Hohlraum aus, und ich kam besser voran denn je.

George Bernard Shaw

Der Herr als Mutter

Also, eine Person, ein Er. Er ist nicht nur der Gott der Natur, der Gestirne, des Wassers, der Steine, der Blumen, der Tiere, er ist das Sein überhaupt. Das Sein übersetzt man im Hebräischen auch mit dem Wort »Herr«, Adonai. So erlebst du: Das Sein herrscht. Und wie herrscht es? Nun, dieses hebräische Wort des Namens »Herr« ist grammatikalisch ein ausschließlich weibliches Wort. Es endet mit Kamez He, und das ist nur bei einem weiblichen Wort der Fall.

Der Name Gott, hebräisch Elohim, ist männlich die Mehrzahl für den »einen« Gott. Das Wort sagt: Mehrzahl von »eleh«, und das bedeutet: Alles, was man im Konkreten wie in Gedanken, im Traum, in der Phantasie sich vorstellen könnte, das alles zusammengefaßt ist er in seiner Einheit. Aber der Herr ist weiblich: sanft, gnädig, gütig, erbarmungsvoll. Jetzt erst kann es wachsen, jetzt erst ist ein Weg, ein Bewegen, ein Bewegtsein möglich.

Auffallend, daß das hebräische Wort für Erbarmen genausogut mit Gebärmutter, Schoß, übersetzt werden kann. Es ist also etwas wesentlich Weibliches. Durch das Weibliche, durch die Gebärmutter, durch die Barmherzigkeit kann auch erst Frucht kommen.

FRIEDRICH WEINREB

Unser Vater-Mutter

Unser Vater-Mutter,
das du über uns bist und in uns,
geheiligt sei dein Name in zweifacher Dreieinigkeit.
Dein Reich komme zu uns in Weisheit, Liebe und Eintracht.
Dein Wille geschehe wie im Himmel, so auf Erden.
Gib uns täglich dein heiliges Brot
und die Frucht des lebendigen Weinstocks.
Und wie du uns vergibst unsere Schulden,
so mögen auch wir vergeben allen,
die gegen uns schuldig werden.
Gieß deine Güte aus auf uns,
damit auch wir desgleichen tun.
In der Stunde der Versuchung erlöse uns von Übel.
Denn dein ist das Reich, die Kraft und die Herrlichkeit:
von Ewigkeit zu Ewigkeit.
Jetzt und in alle Ewigkeit. Amen.

DAS VATERUNSER DER URCHRISTEN
AUS DEM »EVANGELIUM DES VOLLKOMMENEN LEBENS«

Paramahansa Yogananda im Gespräch mit einem Schüler

»Was ist Gott?« fragt der Schüler.

»Gott ist das immerwährende Entzücken«, antwortet der Meister. »Er ist die Liebe, Weisheit und Freude. Er ist sowohl unpersönlich und persönlich und manifestiert sich auf dem Weg, den Er wünscht. Er erscheint Seinen Heiligen in jener Form, die sie verehren: Ein Christ sieht Christus, ein Hindu begegnet Krishna oder der Göttlichen Mutter und so fort. Gläubige, deren Gottesverehrung unpersönlich wird, werden sich Gott als unendlichem Licht bewußt oder dem wunderbaren Klang des OM, dem Wort des Ursprungs, dem Heiligen Geist. Die größte Erfahrung, die ein Mensch haben kann, ist dieses Entzücken zu fühlen, in dem jeder andere Aspekt der Göttlichkeit – Liebe, Weisheit und Unsterblichkeit – enthalten sind.«

PARAMAHANSA YOGANANDA

Ein Heiliger ist ein Sünder, der niemals aufgab.

PARAMAHANSA YOGANANDA

Mach mich frei

Vater,
mach mich frei
von meinen Errungenschaften,
denen ich verfallen bin
und die mich so krank machen.

Mach mich frei
von meinen Einbildungen,
durch die ich entstellt werde
und die mich so klein machen.

Mach mich frei
von meiner Besitzgier,
durch die ich betrogen werde
und die mich so gemein macht.

Herr, mach mich frei
von der Sucht nach Sachen,
die mich doch nicht befriedigen
und die meinen verrückten
Heißhunger nur noch gieriger machen.

PHIL BOSMANS

Briefe Gottes

An jeder Straßenecke finde ich Briefe Gottes.
Das grüne Gras ist ein duftendes Taschentuch Gottes
mit Seinen Initialen, das Er fallen gelassen hat,
um uns an Ihn zu erinnern.
In der ganzen Natur finden wir die Initialen Gottes,
und alle erschaffenen Wesen sind Liebesbriefe
Gottes an uns.

WALT WHITMAN

Ich segne Dich, Materie, und ich grüße dich.
Nicht so, wie dich die hohen Herren der Wissenschaft
und die Tugendprediger verkürzt oder entstellt
beschreiben – eine Zusammenhäufung, so sagen
sie, brutaler Kräfte oder niedriger Neigungen –,
– sondern so, wie du mir heute erscheinst,
in deiner Totalität und in deiner Wahrheit.

TEILHARD DE CHARDIN

Rhapsodie

Ich lasse Dich nicht Du segnest mich denn
Ich lobpreise ich lobsinge
Ich lobe Dich in Deinen Monden in Deinen
schmalen wiegenden messingfarbenen Monden
die meine Nacht klar machen
Ich lobe Dich ich preise Dich in Deinen
Sonnen die übereinanderwogen in Deinen
dürstenden Horizonten
Ich preise Dich in Deinen Wiesen in Deinen
purpurnen Augustwiesen
Ich lobsinge Dir in Deinem flammenden Wald
in Deinem Wald über ihm die wandernden
leichten damastenen Wolken
Ich bete Dich an in allen Deinen Geschöpfen
in Deinen flüchtigen hellen ängstlichen blinden
einsamen holden Geschöpfen

FRIEDERIKE MAYRÖCKER

An Agnes von Prag

Ich kann mich wirklich freuen, und niemand soll mir eine solche Freude rauben können, weil ich das schon besitze, was ich unter dem Himmel begehrt habe. Ich sehe Dich, wie Du die Listen des schlauen Feindes, den verderblichen Hochmut der menschlichen Natur und die Menschenherzen betörende Eitelkeit zu Fall bringst mit Hilfe eines wunderbaren Vorrechtes der Weisheit, die aus dem Munde Gottes selbst kommt; und ich sehe, wie Du den im Acker der Welt und der Menschenherzen verborgenen unvergleichlichen Schatz, durch den man das kauft, wodurch alles aus nichts gemacht ist, mit Demut, mit der Kraft des Glaubens und mit den Armen der Armut umfängst.

KLARA VON ASSISI

Weil das Auge schaut ...

Weil das Auge schaut,
aber keinen Anblick davon erhaschen kann,
nennt man es schwer faßbar.
Weil das Ohr lauscht,
es aber nicht hören kann,
nennt man es verfeinert.
Weil die Hand danach tastet,
es aber nicht finden kann,
wird es unendlich klein genannt.

LAOTSE

Ostern

O ich beschwöre euch, ihr mächtigen Engel,
Die ihr am Ostermorgen das Felsengrab sprenget,
Sprengt auch den härteren Fels,
Sprengt der erkalteten Liebe
Schaurige Klüfte!

Denn Christ ward abermals zum Tode verurteilt
Und liegt versarget in den eisigen Grabeskammern
Einer verlorenen Welt –
O naht euch, ich beschwöre euch, ihr mächtigen Engel,
Und weckt den begrabenen Christ!

Aber die Engel bewahrten leuchtendes Schweigen,
Endlich bog sich einer herab und nahm mich sanft in die Flügel
Und raunte mir mildreich ins Ohr:
Nein, wecke du ihn, Kind,
Denn wisse, aus diesem Tod kann nur die Seele ihn retten –
Geh in dein eigenes Herz
Und wälze den Stein von der Türe des Grabesdunklen:
Du selbst mußt auferstehn – Christ ist erstanden.

GETRUD VON LE FORT

Selbstvertrauen

In den milden Händen der Priester platzt eine Bombe nur, wenn sie es wollen. Sie fingen die meine im Fluge auf und verwandelten sie, immer mehr mit Watte umpackt, in ein Beweisstück der Bekehrung, das heißt: in einen Musterfall. Meine Gegner sahen darin nur ein Abschwenken nach rechts. Dieser Hieb in die Luft brachte mir nur Anhänger ein und den äußerlichen Halt, den die einen in einem Klüngel suchen, die anderen in der Kirche, in den Sekten, im Lehrseminar, im Polytechnikum, im Auswärtigen Amt, in einer Partei oder im Kaffeehaus. Dieser Halt störte die mir liebe, alte Gewohnheit, mich nur auf mich selber zu verlassen.

JEAN COCTEAU

Einsame Inseln, die wir sind ...

Wer an Gott glaubt, kann und muß fast an den Teufel glauben; wer zu Heiligen und Engeln betet, hat alle Aussichten, auch Höllenklänge zu hören. Mehr noch. Nichts in der menschlichen Vernunft und Logik spricht gegen die Annahme, daß die einsamen Inseln, die wir sind, da und dort in eine Wechselbeziehung treten können mit anderen, halb sichtbaren Gebilden, halb personifizierten Willensakten, die uns innewohnen oder sich in uns herausgebildet haben und über die Macht verfügen, uns zu verderben oder durchs Leben zu führen. In einer Welt, in der wir nur Kräfte feststellen, die sich dem Menschen gegenüber gleichgültig verhalten, bleibt diese Hypothese zu beweisen. Doch der Appetit der Theologen und Richter auf die sogenannten okkulten Erscheinungen hat das Problem verfälscht. Das monströse Bild des fleischgewordenen Satans hat diese Leute blind gemacht für die Tatsache, daß das Böse nie schädlicher ist, als wenn es sich in banal menschliche Formen kleidet, denen keinerlei Prestige des Übernatürlichen anhaftet, und am allerschädlichsten dann, wenn es völlig unbeachtet bleibt oder gar Achtung genießt.

MARGUERITE YOURCENAR

Tao

Willst du vollenden den diamantnen Leib ohne Ausströmen, Mußt du mit Fleiß die Wurzel des *Bewußtseins* und Lebens erhitzen.

Du mußt *erleuchten* das stets nahe selige Land
Und dort immer dein wahres Ich verborgen wohnen lassen.

Ein Lichtschein umgibt die Welt des Geistes.
Man vergißt einander, still und rein, ganz mächtig und leer.
Die Leere wird durchleuchtet vom Schein
des Herzens des Himmels.
Das Meerwasser ist glatt und spiegelt
auf seiner Fläche den Mond.
Die Wolken schwinden im blauen Raum.
Die Berge leuchten klar.
Bewußtsein löst sich in Schauen auf.
Die Mondscheibe einsam ruht.

AUS DEM HUI MING GING

Let it be

When I found myself in trouble
Mother Mary comes to me,
speaking words of wisdom,
let it be.
Let it be, let it be, let it be, let it be,
there will be an answer, let it be.

And in my hour of darkness She is standing
right in front of me,
speaking words of wisdom,
let it be.
Let it be, let it be, let it be, let it be,
whisper words of wisdom, let it be.

And when the broken-hearted people living
in the world agree,
there will be an answer let it be.
For though they may be parted,
there is still a chance that they will see,
there will be an answer,
let it be.
Let it be, let it be, let it be, let it be,
There will be an answer, let it be.

And when the night is cloudy there is still
a light that shines on me,
shine until tomorrow, let it be.
I wake up to the sound of music,
Mother Mary comes to me,
Speaking words of wisdom,
let it be.
Let it be, let it be, let it be, let it be,
There will be an answer,
let it be.
Let it be, let it be, let it be, let it be,
whisper words of wisdom, let it be.

THE BEATLES

Unsterblichkeit und Wiedergeburt

Die frühe christliche Kirche hatte die Lehre von der Wiedergeburt akzeptiert. Sie wurde von den Gnostikern und zahlreichen Kirchenvätern, darunter Klemens von Alexandria, dem berühmten Origines und dem Heiligen Hieronymus erläutert. Im Jahre 553 n. Chr. wurde diese Lehre im Zweiten Konzil zu Konstantinopel zum ersten Male für einen Irrglauben erklärt. Zu jener Zeit glaubten viele Christen, daß die Lehre von der Wiedergeburt dem Menschen eine zu lange Zeit- und Raumspanne gewähre und sie deshalb nicht genügend antreibe, sich schon jetzt um Erlösung zu bemühen. Doch die Unterdrückung der Wahrheit führte zu einer Reihe erschreckender Irrtümer. Denn Millionen Menschen haben ihre »einmalige Lebenszeit« nicht ausgenutzt, um Gott zu suchen, sondern um diese Welt, die sie auf so einzigartige Weise gewonnen hatten und bald auf ewig verlieren würden, in vollen Zügen zu genießen. In Wirklichkeit aber muß sich der Mensch so lange auf Erden wiederverkörpern, bis er von neuem zum Bewußtsein seiner Gotteskindschaft erwacht.

PARAMAHANSA YOGANANDA

Karma

Richtet nicht, damit ihr nicht gerichtet werdet! Denn wie ihr richtet, so werdet ihr gerichtet werden, und nach dem Maß, mit dem ihr meßt und zuteilt, wird euch zugeteilt werden.

MATTHÄUS 7,1–2

Irret euch nicht. Gott läßt sich nicht spotten. Was immer ihr sät, das werdet ihr auch ernten.

PAULUS, GALATER 6,7

Denn wenn ihr den Menschen ihre Verfehlungen vergebt, dann wird euer himmlischer Vater auch euch vergeben. Wenn ihr aber den Menschen nicht vergebt, dann wird euch euer Vater eure Verfehlungen auch nicht vergeben.

MATTHÄUS 6,14–15

Ich sage dir, du wirst nicht herauskommen, bis du den letzten Pfennig bezahlt hast.

LUKAS 12,59

Vom Geist des Karma Yogi

Er ist ein Ergebener, der auf nichts eifersüchtig ist, der ein Quell der Gnade ist, der ohne Selbstgefälligkeit ist, der selbstlos ist, der Wärme und Kälte gleichermaßen behandelt, ebenso wie Glück und Unglück, der immer Vergebung übt, der immer zufrieden und entschlußfest ist, der Geist und Seele befohlen hat, der keine Angst verbreitet und sich nicht vor anderen fürchtet, der frei ist von übermäßigem Jubel, aber auch von Sorge und Furcht, der rein ist, im Handeln geübt und doch davon unbeeindruckt, alle Früchte, ob gut oder schlecht, zurückweist, der Freund und Feind gleichermaßen behandelt, der von Achtung oder Mißachtung unberührt bleibt, den Lob nicht hoffärtig macht, der sich nicht verkriecht, wenn die Menschen schlecht von ihm sprechen, der Ruhe und Einsamkeit liebt, dessen Vernunft von Disziplin geprägt ist. Eine solche Hingabe schließt andere starke Bindungen jeglicher Art völlig aus.

MAHATMA GANDHI

Gebet

Ich suche allerlanden eine Stadt,
Die einen Engel vor der Pforte hat.
Ich trage seinen großen Flügel
Gebrochen schwer am Schulterblatt
Und in der Stirne seinen Stern als Siegel.

Ich wandle immer in der Nacht ...
Ich habe Liebe in die Welt gebracht –
Daß blau zu blühen jedes Herz vermag,
Und hab ein Leben müde mich gewacht,
In Gott gehüllt den dunklen Atemschlag.

O Gott, schließ um mich deinen Mantel fest;
Ich weiß, ich bin im Kugelglas der Rest,
Und wenn der letzte Mensch die Welt vergießt,
Du mich nicht wieder aus der Allmacht läßt
Und sich ein neuer Erdball um mich schließt.

ELSE LASKER-SCHÜLER

QUELLENVERZEICHNIS

Der Abdruck der hier aufgenommenen Zitate erfolgt mit freundlicher Genehmigung der im einzelnen aufgeführten Verlage. Leider war es nicht immer möglich, die Rechteinhaber zu ermitteln; für diesen Fall bittet der Verlag um Meldung.

A

HANNAH ARENDT (1906–1975)
S. 23, 98, 99
Deutschgebürtige Philosophin, Theologin, Schriftstellerin, Emigrantin.
Textquelle: Hannah Arendt: *Vita activa oder Vom tätigen Leben*. Piper Verlag, München 1981.

ARISTOTELES (384 v. Chr. – 322 v. Chr.)
S. 227
Griechischer Philosoph und Naturforscher, Schüler Platons.
Textquelle: *secretum secretorum* [›Geheimnis der Geheimnisse‹]. Abdruck aus der Zeitschrift »Das neue Zeitalter«, 1988.

GOTTFRIED ARNOLD (1666–1714)
S. 134
Evangelischer Mystiker und Kirchenhistoriker, Schüler von Jakob Böhme.
Textquelle: Thomas Schipflinger: *Sophia-Maria. Eine ganzheitliche Vision der Schöpfung*. Verlag Neue Stadt, München, Zürich 1988.

FRANZ VON ASSISI (1182–1226)
S. 56, 92, 142 f., 160
Christlicher Mystiker und Gründer des Franziskanerordens.
Textquelle: *Franz von Assisi: Legenden und Laude*. Hrsg. und übersetzt von Otto Karrer. Manesse Verlag, Zürich 1986.

KLARA VON ASSISI (1193–1253)
S. 284
In Assisi geboren, Weggefährtin des heiligen Franziskus. Gründerin des Ordens der Klarissinnen.
Textquelle: *Leben und Schriften der heiligen Klara von Assisi*.
Dietrich Coelde Verlag, Werl 1976.

MARGARET ATWOOD (geb. 1939)
S. 80
Zeitgenössische amerikanische Schriftstellerin.
Textquelle: Susan Griffin: *Frau und Natur. Das Brüllen in ihr*. Übers. Renate Stendhal. Suhrkamp Verlag, Frankfurt 1987.

AUGUSTINUS (350–430)
S. 128
Kirchenlehrer des christlichen Altertums. Im Kampf gegen die akademische Skepsis betonte er die entscheidende Bedeutung des Bewußtseins als Ausgangspunkt aller Wahrheitserkenntnis.
Textquelle: Thomas Schipflinger: *Sophia-Maria. Eine ganzheitliche Vision der Schöpfung*. Verlag Neue Stadt, München, Zürich 1988.

TERESA VON AVILA (1515–1582)
S. 36, 37
Spanische christliche Mystikerin, Ordensgründerin, Philosophin.
Textquelle: Teresa von Avila: *Die innere Burg*. Hrsg. und übersetzt von Fritz Vogelgesang. Diogenes Verlag, Zürich 1979.

B

Dr. Edward Bach (1886–1936)
S. 230, 231
Englischer Arzt, Pionier der Naturheilkunde, Erfinder der Bach-Blütentherapie.
Textquelle: Dr. Edward Bach: *Gesammelte Werke. Von der Homöopathie zur Bach-Blütentherapie*. Übers. Karl-Friedrich Hörner. Aquamarin Verlag, Grafing 1988.

Richard Bach
S. 10
Zeitgenössischer amerikanischer Schriftsteller.
Textquelle: Richard Bach: *Die Möwe Jonathan*. Ullstein Verlag, Berlin 1983.

Ingeborg Bachmann (1926–1973)
S. 186
Österreichische Schriftstellerin, Lyrikerin.
Textquelle: Ingeborg Bachmann: *Anrufung des Großen Bären*. Piper Verlag, München 1978.

Alice A. Bailey (gest. 1949)
S. 84
Religionsphilosophin, Schriftstellerin.
Textquelle: Alice A. Bailey: *Von Bethlehem nach Golgatha*. Karl Rohm Verlag, Bietigheim.

Elizabeth Barret-Browning (1806–1861)
S. 179
Englische Dichterin.
Textquelle: *Lyrik des Abendlands*. Carl Hanser Verlag, München 1963.

The Beatles
S. 25, 47, 81, 189, 205, 290 f.
Legendäre britische Popmusikgruppe.
Textquelle: *The Beatles Songbook*. dtv, München 1988.

Bhagavad-gītā
S. 18, 147, 224
[Altindisch ›Gesang des Erhabenen‹] Religionsphilosophisches Gedicht, das in der vorliegenden Fassung um 700 n. Chr. bezeugt ist.
Textquelle: *Bhagavad-gītā*. Hrsg. und kommentiert von Bhaktivedanta Swami Prabhupada. The Bhaktivedanta Book Trust, 1983.

Hildegard von Bingen (1098–1179)
S. 65, 121, 135, 256, 272 *f.*
Deutsche christliche Mystikerin, Dichterin, Komponistin, Naturheilkundige.
Textquelle: Hildegard von Bingen: *Metaphysik der Seele*. Ausgewählt von Stephanie Faber. Wilhelm Heyne Verlag, München 1989.

Jakob Böhme (1575–1624)
S. 108, 119, 128, 158
Deutscher christlicher Mystiker und Philosoph.
Textquelle: Jakob Böhme: *Die Morgenröte bricht an. Zeugnisse der Naturfrömmigkeit und der Christuserkenntnis*. Herder Verlag, Freiburg 1983.

PHIL BOSMANS (1922)
S. 281
Holländischer Priester und Schriftsteller.
Textquelle: Phil Bosmans: *Vergiß die Freude nicht*. Herder Verlag, Freiburg 1976.

CLEMENS BRENTANO (1778–1861)
S. 149
Deutscher Dichter aus dem Kreis der jungen Romantik.
Textquelle: *Lyrik des Abendlands*. Hrsg. v. Curt Hohoff und Karl Vossler. Carl Hanser Verlag, München 1963.

LORD BYRON (1788–1824)
S. 197
Englischer Dichter, gehört zu den großen englischen Romantikern.
Textquelle: *Lyrik des Abendlands*. Hrsg. v. Curt Hohoff und Karl Vossler. Carl Hanser Verlag, München 1963.

C

ELIAS CANETTI (geb. 1905)
S. 139, 166, 235
Zeitgenössischer Schriftsteller jüdisch-spanisch-bulgarischer Herkunft, Nobelpreisträger.
Textquelle: Elias Canetti: *Aufzeichnungen 1942–1948*. Carl Hanser Verlag, München 1965.

RACHEL CARSON (1907–1964)
S. 141
Amerikanische Biologin und Schriftstellerin.
Textquelle: Rachel Carson: *Der stumme Frühling*. Übers. Margaret Auer. Beck Verlag, München 1990.

LEWIS CARROLL (1832–1898)
S. 75
Eigentl. Charles Lutwidge Dodgson. Englischer Schriftsteller, Schöpfer von »Alice im Wunderland«.
Textquelle: Lewis Carroll: *Alice im Wunderland*. Übers. Barbara Teutsch. Cecilie Dressler Verlag, Hamburg 1991.

ERWIN CHARGAFF (1905)
S. 148, 151
In Österreich geborener Naturwissenschaftler und Schriftsteller, Emigrant.
Textquelle: Erwin Chargaff: *Zeugenschaft*. Essays über Sprache und Wissenschaft. Klett-Cotta Verlag, Stuttgart 1985.

CHOKMA
S. 130
Chokma [hebräisch ›Weisheit‹].
Textquelle: Thomas Schipflinger: *Sophia-Maria. Eine ganzheitliche Vision der Schöpfung*. Verlag Neue Stadt, München, Zürich 1988.

JEAN COCTEAU (1891–1963)
S. 287
Französischer Dichter und Filmregisseur.
Textquelle: Jean Cocteau: *Die Schwierigkeit zu sein*. Essays. Übers. Friedrich Hagen. Kindler Verlag, München 1963.

D

Dante Alighieri (1265–1321)

S. 182

Italiens größter Dichter.

Textquelle: Dante: *Die göttliche Komödie*. Übers. Philalethes. Droemer Verlag, München 1960.

Dao-De-Jing

S. 132, 133

Oder: Tao-Te-Ching. Das Buch vom Tao und seiner Kraft. Kompilation chinesischer Sinnsprüche und philosophischer Aphorismen. Nach der Tradition gilt Laotse (6. Jh. v. Chr.) als Verfasser des Werks.

Textquelle: Thomas Schipflinger: *Sophia-Maria. Eine ganzheitliche Vision der Schöpfung*. Verlag Neue Stadt, München, Zürich 1988.

Fjodor M. Dostojewski (1821–1881)

S. 53

Russischer Dichter.

Textquelle: *Abschiedsbriefe*. Hrsg. v. Katja Behrens. Claasen Verlag, Düsseldorf 1987.

Annette von Droste-Hülshoff (1797–1848)

S. 183

Deutsche Schriftstellerin und Lyrikerin.

Textquelle: Annette von Droste-Hülshoff: *Sämtliche Werke*. Carl Hanser Verlag, München 1967.

Karlfried Graf Dürckheim (1896–1988)

S. 74, 117, 216, 226

Psychologe, Philosoph, Schriftsteller.

Textquelle: Karlfried Graf Dürckheim: *Der Alltag als Übung*. Huber Verlag, Stuttgart, Bern 1978. Karlfried Graf Dürckheim: *Durchbruch zum Wesen*. Huber Verlag, Stuttgart, Bern 1988.

Friedrich Dürrenmatt (1921–1990)

S. 19

Schweizer Dichter, Dramatiker.

Textquelle: *Documenta poetica*. Hrsg. v. Hans Rudolf Hilty. Kindler Verlag, München 1962.

E

Marie von Ebner-Eschenbach (1830–1916)

S. 259

Deutsche Schriftstellerin.

Textquelle: Paul Haschek: *Abend mit Gott. Gedanken und Gebete*. Verlag Butzon & Bercker, Kevelaer 1976.

Umberto Eco (geb. 1932)

S. 48

Zeitgenössischer italienischer Schriftsteller und Philologe.

Textquelle: Umberto Eco: *Das Irrationale gestern und heute*. Vortrag zur Eröffnung der Frankfurter Buchmesse, 1987.

Meister Eckehart (1260–1328)

S. 204, 206, 215

Deutscher christlicher Mystiker, Dominikaner, Prediger.

Textquelle: Meister Eckehart: *Vom Wunder der Seele*. Reclam Verlag, Stuttgart 1986. Meister Eckehart: *Deutsche Predigten und Traktate*. Hrsg. und übersetzt von Josef Quint. Diogenes Verlag, Zürich 1989.

Joseph von Eichendorff (1788–1857)
S. 7, 209
Deutscher Dichter der Romantik.
Textquelle: Joseph von Eichendorff: *Gesammelte Werke*. Georg Müller Verlag, Leipzig 1911.

Albert Einstein (1879–1955)
S. 33, 267
Physiker, Philosoph, Mystiker. Emigrant.
Textquelle: Albert Einstein: *Ausgewählte Texte*. Goldmann Verlag, München 1986.

Ralph Waldo Emerson (1803–1882)
S. 16, 24, 174, 224, 242
Amerikanischer Philosoph und Dichter.
Textquelle: Ralph Waldo Emerson: *Essays*. Übers. Harald Kiczka. Diogenes Verlag, Zürich 1983.

Evangelium des vollkommenen Lebens
S. 165, 279
Ein ursprüngliches und vollständiges Evangelium. Aus dem aramäischen Urtext übersetzt von W. Zimmermann. Das sogenannte »verborgene Evangelium«. Humata Verlag, Harold S. Blume, Bern 1989.

F

Alain Finkielkraut (geb. 1949)
S. 44, 184, 246
Französischer Schriftsteller und Philosoph.
Textquelle: Alain Finkielkraut: *Die Weisheit der Liebe*. Übers. Nicola Volland. Carl Hanser Verlag, München 1987.

Benjamin Franklin (1706–1790)
S. 103
Amerikanischer Staatsmann, Aufklärer, Schriftsteller, Erfinder.
Textquelle: *Jeder Morgen bringt neue Hoffnung*. Meditationen für jeden Tag. Übers. Marie-Dorothee Vossen. Wilhelm Heyne Verlag, München 1989.

Erich Fromm (1900–1980)
S. 63, 95, 176
In Frankfurt/Main geborener Psychoanalytiker und Philosoph. Emigration USA 1934.
Textquelle: Erich Fromm: *Die Kunst des Liebens*. Übers. Liselotte u. Ernst Mickel. Deutsche Verlagsanstalt, Stuttgart 1980.

G

Mahatma Gandhi (1869–1948)
S. 54, 162, 238, 241, 261, 269, 294
Mahatma [Sanskrit ›eine erhabene Seele besitzend‹]. Politiker der Gewaltlosigkeit, Religionsphilosoph.
Textquelle: Louis Fischer: *Gandhi – Prophet der Gewaltlosigkeit*. Wilhelm Heyne Verlag, München 1983. Mahatma Gandhi: *Die Religion der Wahrheit*. Perlinger Verlag, Wörgl 1982.

Jean Giraudoux (1882–1944)
S. 259
Französischer Schriftsteller und Diplomat.
Textquelle: Paul Haschek: *Abend mit Gott. Gedanken und Gebete*. Verlag Butzon & Bercker, Kevelaer 1976.

H

Karen Horney (1885–1952)
S. 198
Deutsche Psychologin, Emigrantin.
Textquelle: Karen Horney: *Die Psychologie der Frau*. Fischer Verlag, Frankfurt 1985.

Hui Ming Ging
S. 289
Chinesische Blätter, Textsammlung taoistischer Weisheit.
Textquelle: C. G. Jung: *Das Geheimnis der goldenen Blüte*. Rascher Verlag, Zürich 1929.

Wilhelm von Humboldt (1767–1835)
S. 247
Deutscher Gelehrter und Politiker.
Textquelle: *Humboldts Briefe an eine Freundin*. Insel Verlag, Leipzig 1912.

Hung Ying-Ming (16. Jahrhundert)
S. 34, 208
Chinesischer Weiser und Schriftsteller.
Textquelle: Hung Ying-Ming: *Vom weisen Umgang mit der Welt. Das Saikontau des Weisen Hung Ying-Ming aus dem China des 16. Jahrhunderts*. Übers. Hans U. Möhring. O. W. Barth Verlag, München 1989.

I

Ikkyu (1394–1481)
S. 52
Abt eines Zen-Klosters, Meister der Teezeremonie.
Textquelle: *Pfad der Erleuchtung. Zen-Gedichte*. Ausgewählt und herausgegeben von Ernst M. Frank. Wilhelm Heyne Verlag, München 1989.

Issa (1763–1827)
S. 217
Japanischer Haiku-Dichter.
Textquelle: *Kirschblüten und wilde Astern*. Japanische Haikus. Wilhelm Heyne Verlag, München 1989.

J

Karl Jaspers (1883–1969)
S. 144
Deutscher Philosoph und Psychologe.
Textquelle: Karl Jaspers: *Wahrheit, Freiheit und Friede*. Rede zur Verleihung des Friedenspreises des Deutschen Buchhandels. Piper Verlag, München 1958.

Hans Jonas (1903)
S. 157
Deutschgebürtiger Philosoph und Religionshistoriker. Emigrant.
Textquelle: Hans Jonas: *Geist, Natur und Schöpfung – Kosmologischer Befund und kosmogonische Vermutung*. Vortrag auf dem Kongreß »Geist und Natur«, Hannover 1988.

Marcel Jouhandeau (1888–1979)
S. 249
Französischer Schriftsteller.
Textquelle: Paul Haschek: *Abend mit Gott. Gedanken und Gebete*. Verlag Butzon & Bercker, Kevelaer 1976.

C. G. JUNG (1875–1961)
S. 43, 60, 170, 178, 252
Schweizer Psychologe und Psychiater.
Textquelle: C. G. Jung *Vom Traum und Selbsterkenntnis. Einsichten und Weisheiten*. Walter Verlag, Olten 1986. C. G. Jung: *Das Geheimnis der goldenen Blüte*. Rascher Verlag, Zürich 1929. C. G. Jung: *Gesammelte Werke*. Walter Verlag, Olten 1971.

K

FRANZ KAFKA (1883–1924)
S. 193
Prager Dichter und Jurist.
Textquelle: *Abschiedsbriefe*. Hrsg. von Katja Behrens. Claassen Verlag, Düsseldorf 1987.

MASCHA KALÉKO (1907–1975)
S. 94, 159
In Polen geboren, in Berlin aufgewachsen, Emigrantin. Schriftstellerin, Lyrikerin.
Textquelle: Mascha Kaléko: *Verse für Zeitgenossen*. Rowohlt Verlag, Reinbek 1988.

WASSILY KANDINSKY (1866–1944)
S. 32, 106, 107, 266
Russischer Maler und Graphiker.
Textquelle: *Der blaue Reiter*. Hrsg. von Wassily Kandinsky und Franz Marc. Piper Verlag, München 1979.

HOFDAME KASA
S. 187
Japanische Tanka-Dichterin.
Textquelle: *Tanka. Japanische Fünfzeiler*. Wilhelm Heyne Verlag, München 1987.

SÖREN KIERKEGAARD (1813–1855)
S. 274
Dänischer Religionsphilosoph, Theologe und Schriftsteller.
Textquelle: Sören Kierkegaard: *Einübung im Christentum*. Gütersloher Verlagshaus 1986.

HEINRICH VON KLEIST (1777–1811)
S. 87, 146
Deutscher Dramatiker und Erzähler.
Textquelle: Heinrich von Kleist: *Sämtliche Werke und Briefe*. Carl Hanser Verlag, München 1965.

KONFUZIUS (551–479 v. Chr.)
S. 59, 67, 68, 96, 222, 258
Konfuzius, latinisiert aus K'ung-fu-tzu, [›Meister K'ung‹]. Chinesischer Weiser.
Textquelle: Konfuzius: *Gespräche in der Morgenstille. Lehren des Meisters*. Artemis Verlag, Zürich 1986.

URSULA KRECHEL (geb. 1947)
S. 62
Zeitgenössische deutsche Schriftstellerin.
Textquelle: *Wodurch ich anders bin*. Gedichte von Frauen. Wilhelm Heyne Verlag, München 1988.

JIDDU KRISHNAMURTI (1895–1986)
S. 22, 26, 123, 203
Indischer Religionsphilosoph.
Textquelle: Jiddu Krishnamurti: *Wegweiser zum wahren Leben*. Hyperion Verlag, Freiburg. Jiddu Krishnamurti: *Verstand und Liebe. Gedanken zum Leben*. Humata Verlag, Bern 1988.

ELISABETH KÜBLER-ROSS
S. 103
Zeitgenössische Schweizer Psychologin, Schriftstellerin.
Textquelle: *Befreiung aus der Angst*. Berichte aus den Workshops. Kreuz Verlag, Stuttgart 1983.

L

RONALD D. LAING (1927–1989)
S. 31
Zeitgenössischer englischer Psychologe und Autor.
Textquelle: Ronald D. Laing: *Phänomenologie der Erfahrung*. Übers. Klaus Figge und Waltraud Stein. Suhrkamp Verlag, Frankfurt 1969.

LAOTSE 4.–3. Jh. v. Chr.
S. 12, 38, 240, 285
Lao-tse [chines. ›der alte Meister‹]. Philosoph, als Gottheit verehrt.
Textquelle: Laotse: *Tao te king*. Diederichs Verlag, Köln 1986.

ELSE LASKER-SCHÜLER (1869–1945)
S. 185, 295
Deutsche expressionistische Lyrikerin, Schriftstellerin, Emigrantin.
Textquelle: Else Lasker-Schüler: *Sämtliche Gedichte*. Kösel Verlag, München 1984.

D. H. LAWRENCE (1885–1930)
S. 194
Englischer Schriftsteller.
Textquelle: *Abschiedsbriefe*. Hrsg. von Katja Behrens. Claassen Verlag, Düsseldorf 1987.

GERTRUD VON LE FORT (1876–1971)
S. 286
Deutsche Dichterin und Lyrikerin.
Textquelle: Gertrud von Le Fort: *Gedichte*. Insel Verlag, Frankfurt 1963.

LEONARDO DA VINCI (1452–1519)
S. 158
Ital. Maler, Bildhauer, Architekt, Naturforscher, Techniker.
Textquelle: Sina Walden/Gisela Bulla: *Endzeit für Tiere. Ein Aufruf zu ihrer Befreiung*. Rowohlt Verlag, Reinbek 1984.

ELIPHAS LEVI (1810–1875)
S. 120
Französischer Okkultist und Begründer der Okkultistenbewegung in Frankreich.
Textquelle: *Der Schlüssel zu den großen Mysterien*. Ansata Verlag, Interlaken 1981.

Anne Morrow Lindbergh (geb. 1906)
S. 69, 82, 111
Amerikanische Schriftstellerin, Frau des Atlantik-Fliegers Charles Lindbergh.
Textquelle: Anne Morrow Lindbergh: *Muscheln in meiner Hand*. Wilhelm Heyne Verlag, München 1989.

Clarice Lispector (1925–1977)
S. 89, 210
In der Ukraine geborene und in Brasilien beheimatete Schriftstellerin.
Textquelle: Clarice Lispector: *Nahe dem wilden Herzen*. Übers. Ray G. Mertin. Suhrkamp Verlag, Frankfurt 1984. Clarice Lispector: *Die Sternstunde*. Übers. Curt Meyer-Clason. Suhrkamp Verlag, Frankfurt 1985.

Audre Lorde (geb. 1934)
S. 219
Zeitgenössische amerikanische Schriftstellerin.
Textquelle: Susan Griffin: *Frau und Natur. Das Brüllen in ihr.* Übers. Renate Stendhal. Suhrkamp Verlag, Frankfurt 1987.

M

Antonio Machado y Ruiz (1875–1939)
S. 46
Spanischer Lyriker, »Sänger Kastiliens«.
Textquelle: Antonio Machado y Ruiz: *Die Felder Kastiliens*. Gedichtsammlung. Suhrkamp Verlag, Frankfurt 1964.

Mechthild von Magdeburg (ca. 1207–1282)
S. 192, 260, 275
Christliche Mystikerin und Dichterin.
Textquelle: Mechthild von Magdeburg: *Offenbarungen oder das fließende Licht der Gottheit*. Hrsg. v. Gall Morel, P. Einsiedeln 1956.

Gitta Mallasz (geb. 1907)
S. 55, 64, 85, 118, 213
Ungarische Religionsphilosophin und Künstlerin.
Textquelle: Gitta Mallasz: *Die Antwort der Engel* und *Die Engel erlebt*. Aufzeichnungen der Gespräche mit einem Engel in den Jahren 1943–1944. Dt. Fassung u. Herausgabe von Lea Fischli. Daimon Verlag, Einsiedeln, Zürich 1988.

Franz Marc (1880–1916)
S. 145
Deutscher Maler. Mitbegründer des »Blauen Reiter«.
Textquelle: *Der blaue Reiter.* Herausgegeben von Wassily Kandinsky und Franz Marc. Piper Verlag, München 1979.

Friederike Mayröcker (geb. 1924)
S. 283
Zeitgenössische österreichische Schriftstellerin und Lyrikerin.
Textquelle: Johannes Thiele: *Die mystische Liebe zur Erde. Fühlen und Denken mit der Natur.* Kreuz Verlag, Stuttgart 1989.

Carson McCullers (1917–1967)
S. 180, 190
Amerikanische Schriftstellerin und Essayistin.
Textquelle: Carson McCullers: *Die Ballade vom traurigen Café*. Übers. Elisabeth Schnack. Diogenes Verlag, Zürich 1971.

YEHUDI MENUHIN (geb. 1916)
S. 86, 88, 90
Amerikanischer Violinist. 1979 Friedenspreis des Deutschen Buchhandels für sein Eintreten für Gerechtigkeit und Versöhnung.
Textquelle: Yehudi Menuhin: *Musik kann man nur hören*. Beitrag aus »zeitmagazin«, Hamburg 1987.

MICHIHIKO (1757–1820)
S. 217
Japanischer Haiku-Dichter.
Textquelle: *Kirschblüten und wilde Astern. Japanische Haikus*. Wilhelm Heyne Verlag, München 1989.

YUKIO MISHIMA (1925–1970)
S. 61
Japanischer Schriftsteller.
Textquelle: Yukio Mishima: *Der Seemann, der die See verriet*. Übers. Sachiko Yatsushiro. Rowohlt Verlag, Reinbek 1970.

EDUARD MÖRIKE (1804–1916)
S. 181
Deutscher Dichter und Pfarrer.
Textquelle: *Eduard Mörike: Gesammelte Werke*. Carl Hanser Verlag, München.

CLAUDE MONET (1840–1926)
S. 122
Französischer Maler, Vertreter des Impressionismus.
Textquelle: Horst Keller: *Ein Garten wird Malerei. Monets Jahre in Giverny*. Du Mont Verlag, Köln 1982.

PRINZ MORIBE (um 750)
S. 187
Japanischer Tanka-Dichter.
Textquelle: *Tanka. Japanische Fünfzeiler.* Wilhelm Heyne Verlag, München 1987.

N

PABLO NERUDA (1904–1973)
S. 83, 167, 188
Chilenischer Dichter. 1971 Nobelpreis für Literatur.
Textquelle: Pablo Neruda: *Die Hände des Tages*. Hrsg. v. Karsten Garscha, Übers. Monika López. Luchterhand Verlag, Neuwied 1987.

ISAAC NEWTON (1643–1727)
S. 42
Englischer Physiker und Mathematiker.
Textquelle: Albert Einstein: *Ausgewählte Texte*. Goldmann Verlag, München 1986.

FRIEDRICH NIETZSCHE (1844–1900)
S. 152
Deutscher Philosoph und Dichter.
Textquelle: *Lyrik des Abendlands*. Hrsg. v. Curt Hohoff und Karl Vossler. Carl Hanser Verlag, München 1963.

NOVALIS (1772–1801)
S. 17, 195, 219
Friedrich von Hardenberg. Deutscher Philosoph und Dichter.
Textquelle: *Lyrik der Romantik*. Wilhelm Heyne Verlag, München 1986.

O

Joyce Carol Oates (geb. 1938)
S. 125
Amerikanische Schriftstellerin.
Textquelle: Joyce Carol Oates: *Im Dickicht der Kindheit.* Übers. Eva Bornemann. DVA, Stuttgart 1983.

Orpheus
S. 49, 171
Griechischer Mythos. Sänger und Leierspieler, der durch seine Kunst die Götter und Menschen, die Steine, Tiere und Pflanzen bezauberte.
Textquelle: *Orpheus. Altgriechische Mysterien.* Diederichs Verlag, Köln 1982.

P

Raimundo Panikkar (geb. 1918)
S. 20, 21
Indisch-spanischer Religionsphilosoph, Vermittler zwischen den Religionen.
Textquelle: Raimundo Panikkar: *Mythos und Logos – Mythologische und rationale Weltsichten.* Vortrag, gehalten auf dem Kongreß »Geist und Natur«, Hannover 1988.

Paracelsus (1493–1541)
S. 126, 127, 228
Schweizgebürtiger Arzt und Naturforscher, Philosoph und Vorläufer der homöopathischen Medizin.
Textquelle: Will-Erich Peuckert: *Theophrastus Paracelsus.* Biographie. W. Kohlhammer Verlag, Stuttgart 1943.

Charlotte Perkins-Gilman (1860–1935)
S. 108
Eine der bedeutendsten frühen amerikanischen Feministinnen, wiederentdeckt durch die neuere Frauenbewegung.
Textquelle: Charlotte Perkins Gilman: *Herland.* Übers. Sabine Wilhelm. Rowohlt Verlag, Hamburg 1980.

Vasko Popa (geb. 1922)
S. 199
Serbokroatischer Lyriker.
Textquelle: Vasko Popa: *Gedichte.* Übers. Karl Dedecius. Langewiesche-Brandt Verlag, München 1961.

R

Rainer Maria Rilke (1875–1926)
S. 15, 39, 221
Deutscher Dichter Prager Herkunft.
Textquelle: Rainer Maria Rilke: *Gedichte.* Insel Verlag, Frankfurt 1955.

Romain Rolland (1866–1944)
S. 166
Französischer Dichter, Professor der Musikgeschichte, Nobelpreisträger.
Textquelle: Sina Walden/Gisela Bulla: *Endzeit für Tiere. Ein Aufruf zu ihrer Befreiung.* Rowohlt Verlag, Reinbek 1984.

Christiani Rosenkreuz (14. Jahrhundert)
S. 116
Gründer der Bruderschaft der Rosenkreuzer.
Textquelle: *Die Bruderschaft der Rosenkreuzer.* Hrsg. v. Gerhard Wehr. Eugen Diederichs Verlag, München 1990.

Eleanor Roosevelt (1884–1962)
S. 103
Amerikanische Politikerin, Frau von Theodore Roosevelt.
Textquelle: *Jeder Morgen bringt neue Hoffnung.* Meditationen für jeden Tag. Übers. Marie-Dorothee Vossen. Wilhelm Heyne Verlag, München 1989.

Arthur Rubinstein (1887–1982)
S. 239
Amerikanischer Pianist polnischer Herkunft.
Textquelle: *Jeder Morgen bringt neue Hoffnung.* Meditationen für jeden Tag. Übers. Marie-Dorothee Vossen. Wilhelm Heyne Verlag, München 1989.

Mewlana Dschelaleddin Rumi (geb. in Afghanistan; gest. 1273)
S. 224, 229, 262
Mystiker des Orients, Dichter und Weiser.
Textquelle: M. D. Rumi: *Das Meer des Herzens geht in tausend Wogen.* Dagyeli Verlag, Frankfurt 1988.

Tôzan Ryôkai (807–869)
S. 45, 70 f.
Chines.: Dung-schan. Gründer der Sôtô-Schule des Zen.
Textquelle: *Pfad der Erleuchtung.* Zen-Gedichte. Wilhelm Heyne Verlag, München 1989.

S

George Sand (1804–1876)
S. 263
Französische Schriftstellerin, Kämpferin für Frauenrechte.
Textquelle: George Sand: *Ein Winter auf Mallorca.* Luis Ripoll Verlag, Palma de Mallorca 1985.

Jean-Paul Sartre (1905–1980)
S. 246
Französischer Philosoph und Schriftsteller.
Textquelle: Jean-Paul Sartre: *Das Sein und das Nichts.* Übers. Hans Schöneberg u. Traugott König. Rowohlt Verlag, Reinbek 1962.

George Bernard Shaw (1856–1950)
S. 239, 249, 276, 277
Anglo-irischer Schriftsteller, Dramatiker.
Textquelle: *Freiheit jenseits des Gitters.* Briefwechsel zwischen der Äbtissin Laurentia und Bernard Shaw. Claassen Verlag, Hamburg 1960.

Angelus Silesius (1624–1677)
S. 66, 80, 114, 156
Angelus Silesius [lat. ›Schlesischer Bote‹], eigentl. Johann Scheffler. Priester und christlicher Mystiker.
Textquelle: Angelus Silesius: *Der cherubinische Wandersmann.* Diogenes Verlag, Zürich 1979.

Smohalla (Mitte bis Ende des 19. Jahrhunderts)
S. 138
Wanapum-Schamane, religiöser Führer der nordamerikanischen Indianer, Wegbereiter des Träumerkultes.
Textquelle: *Meine Worte sind wie Sterne – sie gehen nicht unter.* Reden der Indianerhäuptlinge. Dianus-Trikont Verlag, München 1984.

Dorothee Sölle (geb. 1929)
S. 93
Deutsche Philosophin, Theologin und Schriftstellerin.
Textquelle: Dorothee Sölle: *Gott und ihre Freunde. Zur feministischen Theologie.* Beitrag aus: »Feminismus. Inspektion der Herrenkultur. Ein Handbuch.« Hrsg. v. Luise F. Pusch. Suhrkamp Verlag, Frankfurt 1983.

Sôsan (840–901)
S. 101, 102
Chinesisch: Seng-tsam. Zen-Dichter.
Textquelle: *Pfad der Erleuchtung.* Zen-Gedichte. Wilhelm Heyne Verlag, München 1989.

Standing Bear (19. Jahrhundert)
S. 91
Dakota-Indianer, Schriftsteller.
Textquelle: *Weißt du, daß die Bäume reden? Weisheit der Indianer.* Hrsg. v. Käthe Recheis u. Georg Bydlinski. Herder Verlag, Wien 1988.

David Steindl-Rast (geb. 1926)
S. 250
Österreichischer Benediktinermönch in den USA; Vermittler zwischen Zen und Christentum.
Textquelle: David Steindl-Rast *Die Achtsamkeit des Herzens. Ein Leben in Kontemplation.* Übers. Vanja v. Palmers. Goldmann Verlag, München 1988.

Sun Chief (19. Jahrhundert)
S. 253
Hopi-Indianer, Schriftsteller.
Textquelle: *Weißt du, daß die Bäume reden? Weisheit der Indianer.* Hrsg. v. Käthe Recheis u. Georg Bydlinski. Herder Verlag, Wien 1988.

Sch

Brigitte Schwaiger (geb. 1949)
S. 57, 271
Zeitgenössische österreichische Schriftstellerin, Essayistin, Lyrikerin.
Textquelle: Brigitte Schwaiger: *Mit einem möcht' ich leben.* Wilhelm Heyne Verlag, München 1987.

Schwarzer Hirsch (1863–1950)
S. 270
Ogalalla-Sioux, Medizinmann und Träger der mystischen Welt der indianischen Urväter.
Textquelle: Schwarzer Hirsch: *Die heilige Pfeife. Das indianische Weisheitsbuch der sieben geheimen Riten.* Hrsg. v. Joseph Epes Brown. Übers. Gottfried Hotz. Lamuv Verlag, Göttingen 1987.

ARTHUR SCHOPENHAUER (1788–1860)
S. 164
Deutscher Philosoph.
Textquelle: Arthur Schopenhauer: *Sämtliche Werke*. Hrsg. v. Arthur Hübscher. Brockhaus Verlag, Wiesbaden 1972.
ALBERT SCHWEITZER (1875–1965)
S. 13, 155, 161
Kulturphilosoph, Theologe, Musiker, Schriftsteller.
Textquelle: Sina Walden/Gisela Bulla: *Endzeit für Tiere. Ein Aufruf zu ihrer Befreiung*. Rowohlt Verlag, Reinbek 1986. Albert Schweitzer: *Aus meinem Leben und Denken*. Felix Meiner Verlag, Hamburg 1980.

T

JOHANNES TAULER (1300–1361)
S. 109
Deutscher christlicher Mystiker, Dominikaner, Schüler Meister Eckeharts.
Textquelle: Richard Rohr/Andreas Ebert: *Das Enneagramm. Die 9 Gesichter der Seele*. Claudius Verlag, München 1989.
TEILHARD DE CHARDIN (1881–1955)
S. 108, 282
Französischer Philosoph, Theologe und Paläontologe.
Textquelle: Teilhard de Chardin: *Das göttliche Milieu. Ein Entwurf des inneren Lebens*. Walter Verlag, Freiburg 1985.
HENRY DAVID THOREAU (1817–1862)
S. 236, 243
Amerikanischer Sozialkritiker und Schriftsteller.
Textquelle: H. D. Thoreau: *Über die Pflicht zum Ungehorsam gegen den Staat*. Übers. Walter E. Richartz. Diogenes Verlag, Zürich 1973.
CHRISTINA THÜRMER-ROHR (geb. 1936)
S. 153
Deutsche Philosophin, Psychologin und Schriftstellerin.
Textquelle: Christina Thürmer-Rohr: *Vagabundinnen. Feministische Essays*. Orlanda Frauenverlag, Berlin 1987.
GEORG TRAKL (1887–1914)
S. 191, 244
Österreichischer Lyriker, Dichter des Frühexpressionismus.
Textquelle: Georg Trakl: *De profundis*. Ausgewählte Gedichte. Wilhelm Heyne Verlag, München 1986.

U

UPANISHADEN
S. 254, 268
[altind. Upanishad ›esoter. Lehre‹], Gattung altind. theologisch-philosophischer Texte.
Textquelle: *Upanishaden. Die Geheimlehre der Inder*. Diederichs Verlag, München 1988.

V

PAUL VERLAINE (1844–1896)
S. 175
Französischer Lyriker.
Textquelle: *Lyrik des Abendlands*. Hrsg. v. Curt Hohoff und Karl Vossler. Carl Hanser Verlag, München 1963.

WALTHER VON DER VOGELWEIDE (um 1170–1230)
S. 218
Dichter und mundartlicher Lyriker, wandernder Poet.
Textquelle: *Documenta poetica*. Hrsg. v. Hans Rudolf Hilty. Kindler Verlag, München 1962.

W

RICHARD WAGNER (1813–1883)
S. 145
Deutscher Komponist und Schriftsteller.
Textquelle: Sina Walden/Gisela Bulla: *Endzeit für Tiere. Ein Aufruf zu ihrer Befreiung*. Rowohlt Verlag, Reinbek 1984.

WALKING BUFFALO (1871–1967)
S. 202
Stoney-Indianer aus Kanada, Stammeshäuptling.
Textquelle: *Weißt du, daß die Bäume reden? Weisheit der Indianer.* Hrsg. v. Käthe Recheis und Georg Bydlinski. Herder Verlag, Wien 1988.

ALAN W. WATTS (1915–1973)
S. 113
Amerikanischer Philosoph der New-Age-Bewegung.
Textquelle: Alan W. Watts: *Weisheit des ungesicherten Lebens*. Scherz Verlag, Bern, München 1981.

SIMONE WEIL (1909–1943)
S. 127, 219
Französische Philosophin und Schriftstellerin.
Textquelle: Susan Griffin: *Frau und Natur. Das Brüllen in ihr.* Übers. Renate Stendhal. Suhrkamp Verlag, Frankfurt 1987.

FRIEDRICH WEINREB (1910–1988)
S. 14, 278
Schriftsteller, Philosoph, jüdischer Mystiker, Emigrant.
Textquelle: Friedrich Weinreb: *Frömmigkeit heute. Eine Wende zum neuen Menschen*. Thauros Verlag, Weiler 1986. Friedrich Weinreb: *Geistige Erfahrung und Lebenspraxis. Die ursprüngliche Bedeutung des Yoga*. Thauros Verlag, Weiler 1983.

WELTRAUMFAHRER: Cerman, Irwing, Baudry, Salman
S. 140
Textquelle: *Der Heimatplanet*. Hrsg. von Kevin W. Kelley. Verlag Zweitausendeins, Frankfurt 1988.

WALT WHITMAN (1819–1892)
S. 282
Amerikanischer Schriftsteller und Journalist.
Textquelle: Johannes Thiele: *Die mystische Liebe zur Erde. Fühlen und Denken mit der Natur.* Kreuz Verlag, Stuttgart 1989.

Ken Wilber (geb. 1949)
S. 76, 110, 223, 225
Zeitgenössischer amerikanischer Philosoph und Schriftsteller.
Textquelle: Ken Wilber: *Halbzeit der Evolution*. Scherz Verlag, Bern, München 1984. Ken Wilber: *Wege zum Selbst. Östliche und westliche Ansätze zu persönlichem Wachstum*. Kösel Verlag, München 1979.

Jochen Winter (geb. 1957)
S. 177
Zeitgenössischer deutscher Lyriker und Essayist.
Textquelle: Jochen Winter: *Die diamantene Stunde. Gedichte*. Agora Verlag, Berlin, Darmstadt 1990.

Virginia Woolf (1882–1941)
S. 50, 245
Englische Schriftstellerin
Textquelle: Virginia Woolf: *Ein Zimmer für sich allein*. Übers. Renate Gerhardt. Gerhardt Verlag, Berlin 1978.

Y

Paramahansa Yogananda (1893–1952)
S. 100, 280, 292
Indischer Heiliger, Schriftsteller, Meister.
Textquelle: *Sayings of Paramahansa Yogananda. Self-Realization Fellowship*. Los Angeles 1980. Paramahansa Yogananda: *Autobiographie eines Yogi*. Scherz Verlag, Bern, München 1980.

Marguerite Yourcenar (1903–1988)
S. 156, 161, 288
Französische Schriftstellerin, Professorin für französische Literatur, erstes weibliches Mitglied der Académie Française.
Textquelle: Marguerite Yourcenar: *Lebensquellen. Eine Familiengeschichte*. Übers. Rolf u. Hedda Soellner. Carl Hanser Verlag, München 1985. Marguerite Yourcenar: *Wer weiß, ob die Seele der Tiere im Staub versinkt?* Beitrag aus der »Süddeutschen Zeitung«, Januar 1986.

Z

Zen-Gedichte
S. 29, 30, 35, 79, 214
Textquelle: *Pfad der Erleuchtung*. Zen-Gedichte. Wilhelm Heyne Verlag, München 1989.

Hedda Zinner (geb. 1905)
S. 97
Zeitgenössische österreichische Schriftstellerin. Emigrantin.
Textquelle: *Wodurch ich anders bin*. Gedichte von Frauen. Wilhelm Heyne Verlag, München 1988.